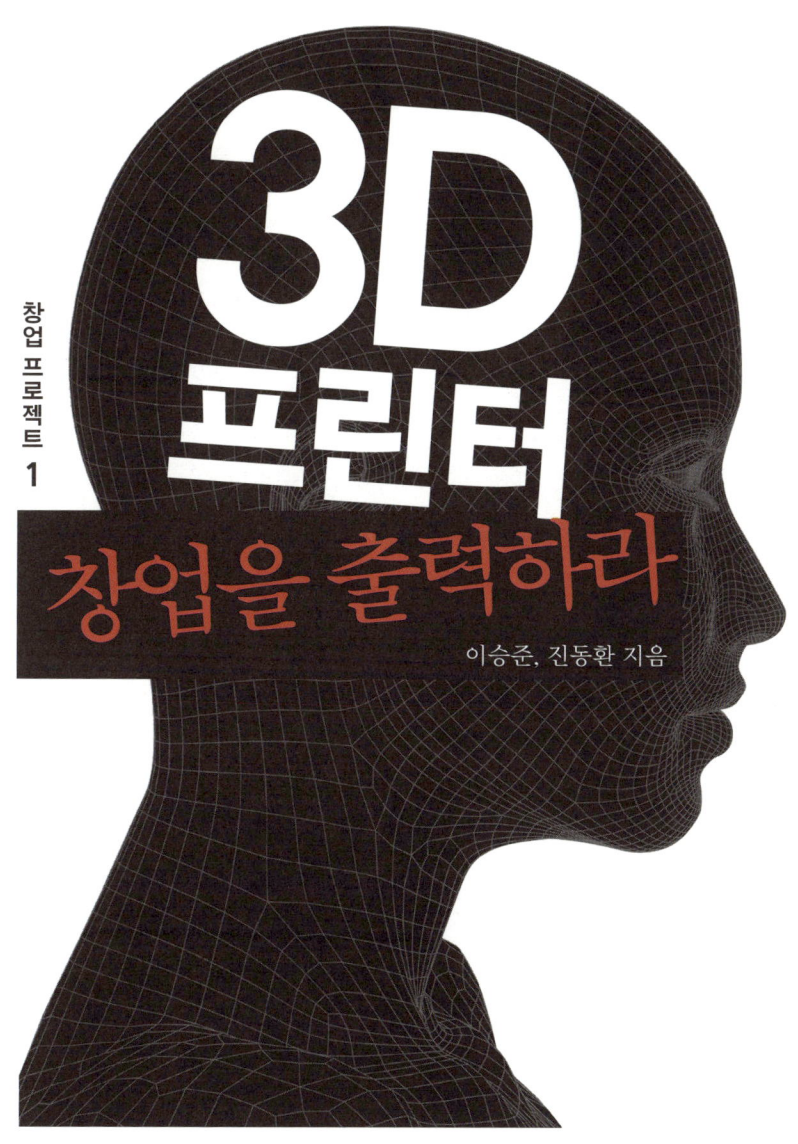

창업 프로젝트 1

3D 프린터
창업을 출력하라

이승준, 진동환 지음

프로젝트 A

저자의 말

세상은 어떻게 바뀌며
나는 무엇을 준비해야 하나?

내가 인터넷을 처음 접한 것은 대학 1학년 때였다. 이런 장난스러운 시스템으로 뭔가 할 수 있을 것이라고는 생각하지 못했다. 당시 언론이나 안목이 있는 사람들은 인터넷이 세상을 바꿀 것이라고 단언했고, 인터넷 시장은 제자리걸음을 반복하는 듯하다 어느 한 순간 폭발적으로 성장하기 시작했다. 우리는 지금 인터넷 없는 세상을 상상할 수 없는 시대에 살고 있다. 인터넷의 가능성을 얕잡아 보다 뒤늦게 안타까워하는 사람이 비단 나만은 아닐 것이다. 현재 인터넷으로 파생된 사업은 천문학적이다. 이제 우리 앞에 놓인 새로운 기회는 3D 프린팅이다. 혹자는 장난감 같은 것만 출력할 수 있는 기계로 도대체 무엇을 할 수 있느냐고 반문한다. 그러나 먼 미래의 가능성을 바라보는 사람들은 이미 3D 프린팅에 주목하고 있다.

3D 프린팅은 최근에 만들어진 기술이 아니다. 30년 전에 이미 개발되었지만 최근 관련 특허가 풀리면서, 미국의 3D 프린터 업체 메이커봇

Makerbot을 필두로 3D 시스템스3D Systems, 스트라타시스Stratasys 등을 비롯해 국내에는 에디슨, 오픈크리에이터 같은 회사가 FDM 방식의 프린터를 대중에게 판매하고 있다. 국내의 열악한 상황에서도 국내 3D 프린터 회사들이 좋은 제품들을 만들어내며 미래를 준비하고 있다.

안타까운 점은 현재 우리나라의 3D 프린팅 산업이 다른 나라에 비해 크게 낙후되어 있다는 것이다. 중국의 경우 정부 주도로 3D 프린터 회사들이 질 좋은 하드웨어를 생산하고 있는 상황이다. 차세대 프린터를 개발하고 이미 판매하는 나라도 있다. 우리나라는 이제야 대중적으로 쓰일 수 있는 FDM 프린터를 판매하는 실정이고, 정부의 지원조차 막 시작하는 모양새다. 심지어 트렌드에 밝은 소수를 제외하면 대다수 사람들은 3D 프린터에 대해 알지 못한다. 안다 하더라도 신기한 최신 기술 정도로 여기지 '디지털 시대의 개막'처럼 세상을 바꿀 존재라고는 생각하지 않는다. 그러나 3D 프린터를 활용할 수 있는 영역은 조만간 폭발적으로 늘어날 것이고, 그 실용성도 무한히 확장될 것이다. 이 책은 3D 프린터에 대한 기본 이해를 돕고, 아이디어를 바로 구현해보고 싶어 하는 사람들을 위해 쓰였다.

3D 프린터로 무엇을 할 수 있을까? 미래는 어떻게 바뀔까? 시작하는 사람들의 첫 질문은 이러할 것이다. 3D 프린터로 인해 산업의 구조는 큰 변화를 겪을 것이다. 지금까지는 돈을 가진 특정 집단에서 상품을 대량생산하여 부를 축적하는 시대였다면 이제는 개인이 적은 자본으로도 성공할 수 있는 환경이 되었다. 3D 프린터의 대중화는 수많은 개인에게 성공의 기회를 안겨주는 시대의 시작점에 있음을 알려주는 신호인 셈이다.

자본력이 없는 개인이 제품에 대한 빠른 피드백과 발 빠른 대응으로 상업적인 성공을 도모할 수 있는 시대를 맞게 되는 것이다. 이것은 스티브 잡스로 대표되는 애플의 영향으로 애플리케이션 시장이 대중화되고, 이로 인해 재능 있는 프로그래머들이 자신의 제품을 직접 소비자에게 판매하고 이익을 냈던 것과 같은 현상이다. 3D 프린터로 인해 재능 있는 디자이너나 엔지니어가 자신의 제품을 대중에게 직접 판매할 수 있는 시대가 곧 열린다는 의미다.

머지않아 사진이 2차원 평면으로 인쇄되는 것이 아니라 3D로 출력되는 것이 자연스러워질 것이다. 이것은 혁명과도 같은 이야기다. 그러니 미래를 준비해야 하는 것은 너무나도 당연하다. 이 책은 미래를 준비하려는 사람들, 하지만 어디서부터 시작해야 할지 모르는 사람들을 위한 책이다. 여기에는 스스로 어떤 분야로 창업을 시작하고 사업을 발전시키고 시작할 수 있는지를 가늠할 수 있도록 3D 프린트 창업의 기본 내용들을 담았다. 또 3D 프린팅 제품 제작 과정을 한 번쯤 따라 해보면서 내 아이디어에 3D 프린터가 완벽한 파트너가 될 수 있을지 알아볼 수 있는 내용도 담겨 있다.

3D 프린터의 접근성은 과거와는 달리 매우 쉬워졌다. 저렴한 비용으로 가정용 프린터를 갖출 수 있고 3D 프린터를 구입할 수 없을 경우, 프린트할 수 있는 새로운 공간도 생겼다. 그러니 초기 비용에 대한 고민에 앞서, 내 아이디어를 3D 프린터로 어떻게 구현할 수 있는지에 집중해야 한다. 3D 프린터를 어떻게 시작하고 활용할지 아는 것도 중요하다.

패션 디자이너는 자신이 생각한 디자인을 그림으로는 쉽게 표현한다.

하지만 그 디자인을 그림 그대로, 또 상상한 그대로 만들려면 옷에 걸맞은 소재를 고민하고 바느질을 공부하고 디테일을 구현하기 위한 아이디어를 연구해야 한다. 3D 프린터를 잘 활용하여 성공하는 방법도 마찬가지다. 일단 아이디어가 생겼다면, 그 아이디어를 현실로 끌어내기 위해 3D 프린터를 공부하고, 그와 연관된 디자인이나 재료 등에 대해서도 연구해야 할 것이다.

 기본을 공부하고 사소한 요령이 생기면, 일단 성공의 절반은 이미 시작한 셈이다. 이 책이 독자 여러분의 큰 첫걸음에 도움이 되기를 바란다.

차례

저자의 말 세상은 어떻게 바뀌며 나는 무엇을 준비해야 하나? 004

1부
3D 프린터 초기 창업,
시작하면 곧 시장이 된다

1단계 3D 프린터로 무엇을 하고 싶은가? 013
　　3D 프린터의 무한한 가능성 – 014
　　어디서부터 시작해야 할까? – 021
　　내가 시작하면 시장이 된다 – 022

2단계 창업 전, 반드시 알아야 할 3D 프린터 기초 상식 036
　　가장 기본이 되는 프린터와 재료는 무엇일까? – 036
　　정교한 오브젝트를 만드는 3D 프린터 – 045
　　특수 재료를 이용한 3D 프린팅 – 051
　　아무도 알려주지 않는 3D 프린터의 진실 – 052

3단계 초기 자금은 어떻게 마련하면 좋을까? 059
　　정부는 내 사업의 든든한 투자자다 – 059
　　창업자를 위한 정부 지원사업 – 061
　　서울산업진흥원의 '챌린지 100 프로젝트' – 065
　　민간 기업의 창업 지원대회 – 066
　　아이디어는 소중하다–지적재산권과 특허제도 – 069

2부
실전편, 나는 과연 3D 프린터를 사용할 수 있을까?

4단계 어떤 3D 프린터를 써야 할까? 077
중저가 프린터를 본격적으로 비교해보자 - 078
제대로 된 3D 프린터 사용법을 배우고 싶다면? - 086

5단계 3D 모델링, 쉽게 시작하는 방법이 있을까? 091
3D 모델링 데이터를 이용한 쉬운 3D 프린팅 - 092
3D 프린팅 마켓- 셰이프웨이스 - 094
3D 프린팅 데이터를 사고파는 유용한 사이트 - 099
3D 스캐너, 얼마나 활용할 수 있을까? - 104
스캔만 하면 바로 3D 프린터로 출력할 수 있을까? - 107

6단계 나만의 아이디어를 직접 만들어보자 117
입문자에게 추천하는 심플한 소프트웨어 - 120
보다 디테일한 디자인을 위한 도구 - 123
무료 디자인 소프트웨어 - 125
언젠가는 제대로 배워야 한다 - 127
3D 프린터, 어디에서 팁을 얻을 수 있을까? - 131
모델링 하기 전에 반드시 확인해둘 것 - 134

7단계 123D 디자인으로 간단한 디자인 제품 만들기 141
무엇을 만들지 기획하기 - 142
일러스트레이터에서 2D AI 파일 작업하기 - 143
123D 디자인으로 만드는 쉽고 간단한 모델링 - 146
3D 프린터, 도대체 어떻게 출력되는 것일까? - 152
아이디어를 위한 아이디어 - 157

8단계 3D 프린터의 스테디 아이템 피규어 만들기 159
  3D 프린터의 대세는 디자인이다 - 159
  해외 시장에 눈을 돌려라 - 162
  3D 프린팅 디자인의 대표 아이템, 피규어 - 164
  나도 피규어처럼 복잡한 상품을 만들 수 있을까? - 167
  다즈 스튜디오를 이용한 몸체 모델링 - 168
  Z브러시를 이용한 얼굴 모델링 - 174
  품질은 마무리 작업에 달려 있다 - 175

3부
생생한 경험에서 얻은
특별한 3D 프린팅 노하우

9단계 3D 프린트 창업을 준비하는 이를 위한 쓸모 있는 조언 183
  디자이너의 제품이 상품화되기까지 - 186
  시행착오를 기회로 만드는 법 - 190
  만들었으면 알려라 - 194

10단계 창업 전에 실제로 출력하라 197
  좋은 출력물을 위한 세팅과 팁- 세팅 값 - 199
  3D 프린터는 섬세하다-출력 각도와 방향 - 207
  안정적인 출력의 핵심-서포터 - 214

11단계 어디에도 없는 특별한 3D 프린팅 노하우 222
  어떻게 해야 실패 없이 출력할 수 있을까? - 222
  미리 알아두면 좋은 오류 예방과 해결법 - 224
  완성도를 결정짓는 후가공 - 232

부록 1 꼭 짚고 넘어가야 할 질문과 답 239
부록 2 3D 프린터, 꼼꼼하게 비교하고 구입하자 251
  참고 자료 271

1부

3D 프린터 초기 창업,
시작하면 곧 시장이 된다

1단계

나는 3D 프린터로
무엇을 하고 싶은가?

   3D 프린터가 만능 기계처럼 묘사되는 것에 대해 독자들에게 진지하게 말해주고 싶다. 만약 무언가를 만들려는 목표 없이 프린터의 기능만 믿고 배웠다가는 크게 실망할 가능성이 높다고 말이다. 자기 분야를 더 연구하고, 자신이 할 수 있는 것과 할 수 없는 것, 가능성이 있는 것과 없는 것을 잘 구별할 줄 알아야 한다. 만약 자신이 보석 디자이너라면 3D 프린터를 배워서 복잡한 작품을 좀 더 쉽고 간편하게 출력하는 것으로 효율성을 상당히 높일 수 있다. 지금까지는 손으로 모든 것을 만들었다면 3D 프린트를 이용하여 지금까지 만들지 못했던 것들을 표현할 수 있으며 일일이 수작업을 했을 때보다 시간이나 경제적으로도 큰 이익을 창출할 수 있다.

   그러나 뚜렷한 방향 없이 막연히 '3D 프린터로 뭔가 해야겠다'는 섣부른 생각만으로 시작했다가는 시간만 낭비할 가능성이 크다. 3D 프린터는 보완적인 것이지 주인공이 될 수는 없기 때문이다. 정말 중요한 것은 당신의 능력과 목적이다. 자신이 진정 원하는 것이 무엇인지 정한 다음 3D 프린터를 배우자. 예를 들어 3D 프린터로 만든 도자기를 꿈꾼다면 도자기 분야에 관한 전문적인 지식을 익힌 후에 3D 프린터를 어떻게 활용해야 좋을지 고민하는 것이다. 어디에서부터 시작하면 좋을지 모르겠다면, 취향을 따르는 것도 방법이다. 자신의 기호를 무작정 따라가는 것이 그 자체로 정답은 아니지만 정답으로 갈 수 있게 해주는 작은 씨앗은 될 수 있다. 그리고 계속 꾸준히 그런 행동을 반복하면 줄기가 자라나고 잎이 나고 열매를 맺듯, 내 앞에 자연스럽게 결과가 나타날 것이다.

3D 프린터의 무한한 가능성

가장 먼저 자신의 분야 혹은 아이디어가 3D 프린터로 접근했을 때 더 긍정적인 결과를 낼 수 있는 부분인지를 따져야 한다. 제대로 된 검토를 위해서는 3D 프린터의 장점들을 면밀히 알아볼 필요가 있다. 예를 들어, 공장 생산 방식에서는 주로 위생과 비효율성이나 탄소 배출량 및 재료의 낭비 등이 문제로 야기되는데, 3D 프린터가 과연 그런 문제들을 효과적으로 해결해줄 수 있는 도구인지를 비교해보는 식이다. 지금부터 3D 프린팅의 특징이자 장점을 살펴보며 보다 구체적이고 깊이 있게 3D 프린터가 가져올 미래를 예측해보자.

물질 낭비를 최소화

생산 방식이 어떠한 재료를 깎아내어 형체를 만들어내는 방식이라면 3D 프린터는 플라스틱, 음식, 생화학 물질 등 재료를 한 층 한 층 쌓는 방식이기 때문에 낭비가 없다.

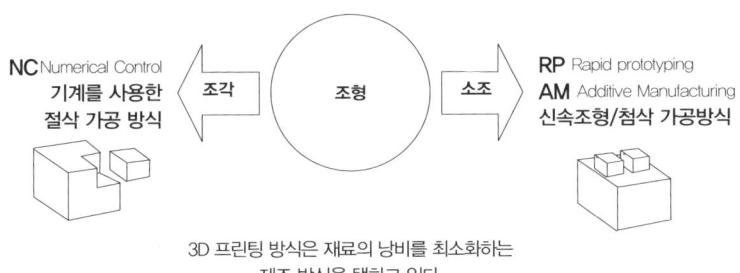

3D 프린팅 방식은 재료의 낭비를 최소화하는 제조 방식을 택하고 있다.

생산하기 어려웠던 부품 제조

수요가 적은 부품들은 대량생산 방식에서는 생산할 수 없으므로 과거에 매우 비싼 가격에 유통되었다. 3D 프린터는 즉각적으로 부품을 생산할 수 있다. 따라서 수요에 구애받지 않아 다양한 부품을 필요할 때 제작할 수 있다. 3D 프린터가 등장함으로써 구하기 힘든 특정 부품이라는 카테고리는 점차 사라지고 있다.

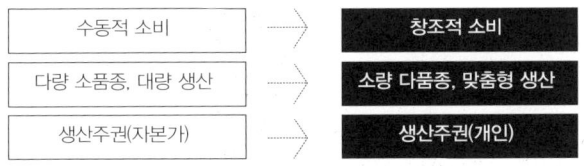

3D 프린터의 대중화 이후 바뀔 패러다임.

제품이 아니라 데이터를 배달한다

3D 데이터는 이동이 매우 용이하여 생산지와 상관없이 세계 어디에서든 사용이 가능하다. 무거운 제품을 배송할 필요 없이 바로 3D 데이터를 전달하면 빠른 시간 안에 어디에서나 작업 또는 출력이 가능하다.

아무리 복잡한 것도 상관없다

전통적인 제조 방식에서 복잡도는 곧 돈으로 연결된다. 얼마나 복잡한가에 따라서 가격도 달라진다. 그러나 3D 프린팅 사업에서 복잡도는 그렇게 큰 문제가 아니다. 물론 3D 모델링할 때 어려움이 있겠지만 소프트웨어의 발달로 그 역시 해결 가능하다. 이 부분은 일반 제조업과 3D 프린팅의 큰 차이점 중 하나다.

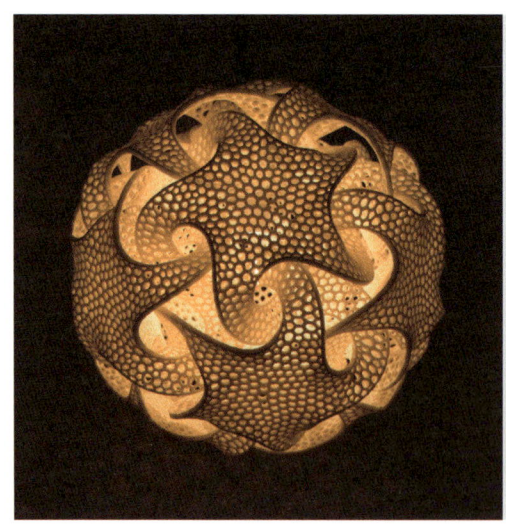

복잡한 조형물도 3D 프린팅으로는 쉽게 표현할 수 있다(Bathsheba Grossman).

다양성을 추구한다

한 가지 모델로도 다양한 시도와 변경이 가능하다. 기존 방식에서는 결정된 모양을 바꾸거나 수정하려면 기기 설계에서부터 제작까지 여러 단계의 문제를 고려해야 하므로 변경이 어려웠지만 3D 프린터에서는 변경이나 응용이 자유롭다. 이로 인해 경영할 때 발생되는 간접비용, 즉 설계비, 인건비 그리고 교육비 등을 절약할 수 있다.

한 번의 출력으로 완성품을 만든다

3D 모델링을 할 때 접하는 부분 또는 따로 움직이게 될 부분을 잘 고려하여 설계하면 조립된 채로 출력할 수 있다. 그러면 시간과 돈이 상당히 절약된다. 보통 제품을 만들면 몇 개에서 수십 개의 부품을 따로 만들어서 그것을 조립해야 하는데 이러한 공장 생산 방식에 비하면 3D 프린터를 이용한 출력은 가히 혁신적이라고 할 수 있다. 그러나 3D 프린터로 작업한다 하더라도, 설계 기술이 필요하다는 것은 염두에 두어야 한다.

하나를 만들면 다양한 변화가 가능하다 (LITHO).

시장 변화에 탄력 있게 반응한다

주문이 들어오면 바로 작업할 수 있어 트렌드 변화에 따른 재고 관리에 대해 고민할 필요가 없어진다. 그로 인해 많은 경비를 절약할 수 있다.

3D 프린터와 컴퓨터가 곧 생산라인이다

기존의 방식의 제조 공정에는 많은 공간이 필요했다. 제조 라인, 연구실 등의 다양한 공간이 필요하기 때문이다. 그러나 3D 프린터 한 대로 굳이 넓은 공간을 두지 않아도 된다.

3D 프린팅은 특별한 기술을 요하지 않는다

전통 방식의 제조 방식은 디자이너 및 기술자들이 여러 가지 공정을 거치면서 제품을 만들어낸다. 3D 모델링 데이터만 완벽하다면 기존 영역에 쉽게 접근할 수 있게 되었다. 3D 프린터는 전문가만 접근할 수 있던 영역에 대해 진입 장벽을 낮춰주는 역할을 한다. 여기에 숙련된 디자이너들이 제품 형태를 디자인하면 일반적인 제조 방식보다 좋은 결과를 얻을 수 있다.

제품 사이즈의 제약이 없다

제품의 사이즈를 얼마든지 원하는 대로 만들어낼 수 있다. 물론 3D 프린터의 하드웨어 크기에 달린 문제이지만 매우 거대한 프린터가 지원된다면 크기라는 제약에서 벗어나 아이디어를 실현할 수 있다.

제품 개발에 낭비가 없다

공장 제조 방식은 제품을 깎아내는 방식이었다. CNC나 레이저 가공의 경우 재료를 깎아내기 때문에 재료의 찌꺼기들이 발생되며 이것을 폐기 처리 하는 데도 많은 시간과 돈이 들어간다. 그러나 3D 프린터는 낭비를 대폭 줄이면서 의도한 대로 제품을 만들어낸다. 그러므로 매우 경제적인 방식의 제조가 가능하다.

3D 프린터의 장점이 두루 잘 발휘될 수 있는 상품 중 하나가 바로 피규어다. 나 역시 피규어를 사업 아이템으로 삼은 적이 있었고, 이 상품의 주요 고객은 바로 성형외과였다. 기회로 연결된 계기는 다름 아닌 보험사였다. 당시 나는 수입이 없는 상태였고, 급한 마음에 보험설계사를 만난 자리에서 나는 보험이 아닌 내 상품에 대한 다양한 이야기를 풀어내고 있었다. 한참 동안 설명을 듣던 그는 나에게 작은 조언을 주었다. 병원은 자

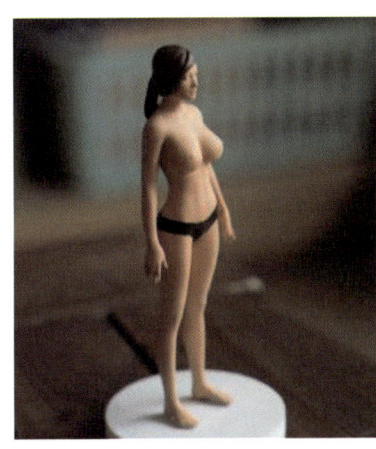

피규어는 사용하기에 따라 다양한 분야에 적용 가능하다.

금이 풍부한 곳이니 병원과 은행을 공략해보라 했다. 그래서 시작한 것이 바로 병원 세일즈였다. 성형 후 모습과 성형 전 모습을 피규어로 만드는 일은 흔하지 않다고 생각했고 병원 또한 이로 인해 병원이 홍보가 되므로 긍정적으로 받아들였다. 성형이라 하면 대부분 얼굴을 먼저 생각하지만 요즘은 몸에 있는 지방 흡입술도 많이 한다.

3D 프린팅을 위해 수술 전과 수술 후에 스캔 촬영을 하고 스캔한 데이터로 고객의 몸을 만들었다. 고객들은 수술 전 모습과 후의 모습을 비교하면서 자신의 몸을 좀 더 객관적으로 바라보고 관리하게 된다. 친구들이나 지인들에게 자신의 피규어를 보여주면 광고 효과도 생기므로 발전 가능성이 있는 사업 아이템이었다.

이 외에도 다양한 아이템을 알리기 위한 노력은 계속되었다. 병원뿐만 아니라 회사에 전화를 걸어 내 서비스가 얼마나 도움이 되는지 설명하고, 회사에 직접 방문해서 담당자들을 설득하기도 하고, 은행 직원들에게 명함을 대신할 작은 액세서리 기념품을 판매하기도 했다. 3D 프린터의 특성과 실생활에 접목할 만한 아이디어가 잘 조화된다면 생각지도 못한 분야에서도 자신의 아이템이 힘을 발휘할 수도 있다.

무궁무진한 가능성을 믿고 스스로 돌파하며 개척해나갈 수 있어야 한다. 그 무엇도 남이 대신 해주지 않는다는 것을 잊어서는 안 된다. 평소에 대인 관계나 네트워크를 잘 관리하고 영업을 하는 것에도 많은 관심을 기울이는 것이 필요하다.

어디서부터 시작해야 할까?

저임금 노동력이 부족해지면서 아시아의 제조사들이 자동 시스템을 도입한다고 하고, 미국 제조사들 또한 낮은 임금을 좇아 다른 나라로 옮길 필요 없이, 시스템 자동화로 미국의 공장들을 미국으로 다시 가져온다는 내용의 기사를 읽었다. 이 말은 바로 미래의 새로운 기술이 사람들의 일자리를 빼앗아간다는 말이다.

그렇다면 기술이 대체할 수 없는 일은 무엇인가? 앞으로 사람들의 역할은 어떻게 변화할까? 롤프 옌센의 『드림 소사이어티Dream Society』(리드리드출판, 2005)라는 책에서는 이와 유사한 한 가지 큰 물음을 던진다. 지금까지 인류는 원시사회에서 농경 사회, 산업사회 그리고 정보화 사회를 거쳐왔는데 이제 "그 다음 세대에는 무엇이 올까?"라는 것이다. 우리는 이미 그 새로운 시대로 진입했다. 바로 감성이 지배하는 드림 소사이어티다. 쏟아지는 정보 그리고 상품의 홍수 속에서 사람들은 감성과 스토리가 충만한 것에 이끌린다. 감성을 건드리는 기획, 디자인 등은 기계가 대신할 수 없는 부분이다. 시작점에 대해 오랫동안 갈피를 잡지 못하고 있다면, 기발하고 눈에 띄는 단 한 가지 아이템을 고려하기보다는 사람들의 감성에 호소하는 부분에서 시작하는 것도 좋다. 감성적인 부분에서 시작하라는 것은 이 영역의 무한한 잠재성을 염두에 두고 한 말이다. 아인슈타인은 이렇게 말한 적이 있다. "상상력은 정보보다 더 중요하다. 지식은 제한적이지만 상상력은 무한하다."

3D 프린터 사업의 핵심은 콘텐츠 생산이다. 가요 및 대중문화에서 가

장 중요한 역할을 하는 이들이 작곡가나 작사가 또는 프로듀서이듯 말이다. 3D 프린터 분야 역시 다른 분야에 있는 것을 재생산하는 사람보다는 색이 뚜렷한 무언가를 만드는 사람, 사람들에게 호소되는 바가 있는 것을 생산할 줄 아는 사람이 중요하다. 당신은 세상에 어떤 이야기를 하고 싶은가? 당신의 아이디어에는 그러한 이야기와 감성이 녹아 있는가? 콘텐츠 이외의 것들은 늘 그랬듯 더 새로운 기술로, 더 좋은 기능의 물건으로 빠르게 대체될 것이다.

    3D 프린터는 단순한 도구다. 그러나 당신이 가진 아이디어를 빛내줄 도구다. 수단이 좋다고 좋은 콘텐츠를 자유자재로 만들어낼 수 있는 것은 아니다. 자신이 무엇을 만들어야 할지 구체적으로 정하고 그것을 위해 꾸준히 노력해야 한다.

내가 시작하면 시장이 된다

    3D 프린터에 관한 사람들의 관심은 생각보다 대단하고 매우 열성적이다. 지금의 3D 프린터 시장은 마치 열리기 직전의 판도라의 상자와 같다. 동시에 파괴적인 재창조라는 말을 떠올리게 한다. 그 이유는 3D 프린팅을 이용해서 새로운 직업을 얻는 사람들이 있는 반면, 그로 인해 일을 잃는 사람도 생길 것이기 때문이다. 전통적인 방식에서 일한 사람들의 노하우들이 쓸모없어지는 상황이 발생함과 동시에, 3D 프린팅을 이용하여 새롭게 사업에 발을 들이는 사람들도 생겨나고 있다.

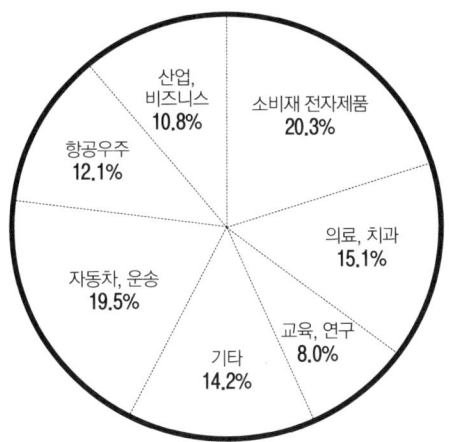

3D 프린터 사용 분야는 다분화되고 있으며 차후 새로운 영역도 개척될 것이다
(제공 월러스 어소시에이츠, 2011).

　3D 프린팅이 활용되는 영역은 현재 우리가 목격하고 있는 것보다 더 커질 수 있다. 언제 어떤 방식으로 활용될지 섣불리 가늠할 수 없으며, 그렇기 때문에 앞선 사람의 뒤를 좇기가 쉽다. 그러나 창업을 할 때 남이 성공했다고 무작정 뛰어들기보다는 자신의 적성에 맞는지, 커리어에는 어떤 식으로 영향을 미칠지에 관하여 면밀한 검토가 필요하다. 3D 프린팅을 이용한 창업은 '현재 진행 중'이다. 우리는 자신에게 맞는 특정 분야를 스스로 찾아야 한다. 이때 대부분의 사람들은 새로운 기술이 등장했을 때 그 기술만을 집중적으로 공부하는 경향이 있다. 보다 멀리 바라보고 신기술의 활용이나 기획 등에 집중해야 하는데 사용법 익히기에 열중하는 것이다. 가장 중요한 것은 그것을 이용해 무엇을 이룰 것인지 정확한 비전

을 갖추는 일이다. 기술은 한낱 기술에 불과하기 때문에 기술에 많은 시간과 에너지를 낭비하면 실패할 확률이 높다.

3D 프린터는 모든 분야에 골고루 적용될 수 있는 기술이다. 그러므로 자신의 직종에서는 이 기술이 어떻게 적용될지에 관한 세밀한 검토가 필요하다. 여기서는 기존의 분야를 바탕으로 3D 프린터를 이용한 창업 사례를 소개한다. 내가 3D 프린팅을 실제로 경험하며 얻은 각 사업별 아이템에 관한 정보이기도 하다. 해당 사례들이 어떤 비전을 담고 있는지, 각 사례를 보면서 자신의 비전 또한 세울 수 있는 시간을 마련했으면 한다.

교육사업

3D 프린터 사업의 가장 핵심이 될 사업이다. 가장 파이pie가 크며 성장 가능성은 100퍼센트, 그 이상으로 무궁무진하다. 얼마 전 정부가 2020년까지 3D 프린터 활용 인력 1000만 명을 집중적으로 양성키로 발표했다. 이 이야기는 결국 3D 프린터를 교육시키는 인력, 즉 강사 양성에 엄청난

3D 프린팅 교육 시장은 점차 커질 전망이다.

자본과 인력이 투입된다는 것이다. 3D 프린터로 무엇인가 사람들에게 배움을 주고 싶고, 새로운 콘텐츠를 만들어낼 수 있다면 이 분야를 적극 추천한다. 교육용 콘텐츠 개발과 서적, 교육 강의에 엄청난 수요가 있을 전망이다. 초등학교, 중학교, 고등학교와 대학교 그리고 일반인을 대상으로 하는 교육은 상상 이상으로 범위가 넓다. 교육 사업을 시작하려면 학원이나 대학에서 주최하는 교육에 참여하기보다는 정부가 공인한 학원 또는 기관에서 자격증을 취득하는 것이 좋은 방법이다. 여기서 가장 중요한 것은 본인의 3D 프린팅 활용 능력과 경험, 그리고 실력이다.

제품 설계 사업/기계부품

제품 설계와 관련된 분야에 대해서도 매우 긍정적이다. 일단 수요가 많으며 수입도 상당히 좋은 편이다. 작은 위치 추적 장치가 달린 전자제품 케이스 하나를 설계, 제작한다고 하면 대략 100만 원 이상의 수입을 얻을 수 있다. 용역비 계산은 대략 다음과 같은 프로세스로 이뤄진다. 자신의 하루 일당, 예를 들어 30만 원에 작업에 소요되는 시간을 곱하면 청구 가격이 나오게 된다. 위치 추적 장치가 달린 케이스 제작은 약 3~4일 정도의 시간이 소요되므로 가격은 100만 원 정도로 책정할 수 있다.

제품 설계에서 가장 중요한 것은 고객의 요청에 부응할 수 있는 깔끔한 디자인 실력과 기한을 맞출 수 있는 신속성이다. 대다수 이러한 프로토타입 제작은 단시일 내로 끝내야 하는 경우가 많기 때문이다. 2~3일, 심지어는 하루 만에 끝내야 하는 경우도 있다. 그러므로 평소 꾸준히 소프트웨어를 연습하고 숙련시켜 의뢰가 들어왔을 때 빠른 시간 안에 결과물을 만들 수 있는 기초를 다져야 한다.

금속 부품 복제

기존의 금속 부품 복제 시장은 3D 프린터로 인해 풍전등화와 같은 상황에 처했다. 새로운 3D 프린팅 복제 방식은 많은 업계 종사자들의 영역을 위협한다. 컴퓨터를 모르면 사무직으로 일할 수 없는 것과 마찬가지다. 당분간 금속 부품 분야 곳곳에서 이러한 현상이 일어날 것으로 예상된다. 기존 방식과는 달리 3D 프린팅 부품 복제 방식은 간단하고 깔끔하며 쉽기 때문이다. 3D 프린팅으로 금속 부품을 제작하는 방법은 다음과 같다.

아래 그림과 같이 3D 프린터로 형태를 출력한다. 이 3D 프린팅 재료는 왁싱 성분이 들어간 특수 재료여서 쇳물에 녹는 성질을 지니고 있다.

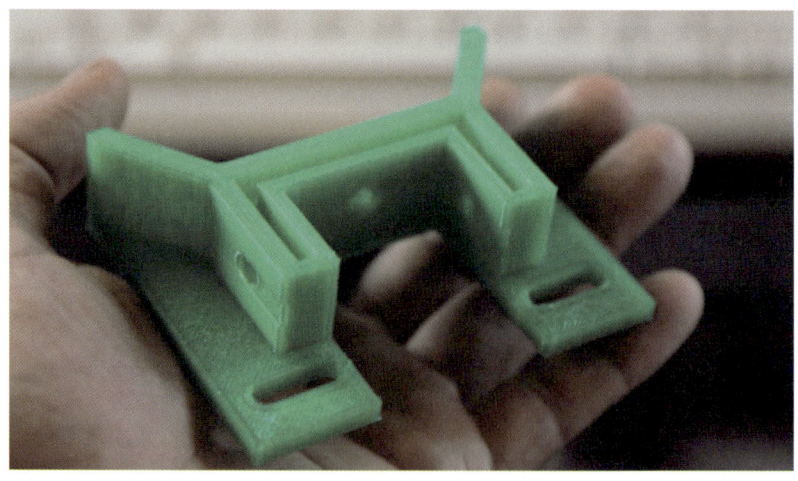

쇳물을 넣을 수 있도록 거푸집을 만든다. 분말을 녹여 그림처럼 거푸집에 붓는다.

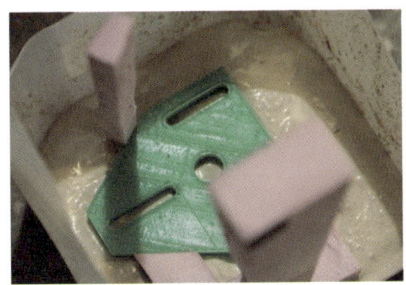

뜨거운 쇳물을 부으면 왁스 성분이 날아가면서 금속 결과물을 얻어낼 수 있다.

보석 디자인

　세계적인 클라우드 기반 웹사이트 셰이프웨이스shapeways에서 가장 인기 있는 3D 프린팅 아이템은 보석이다. 처음 페이지를 열면 화려한 금속 보석들이 화면에 가득하다. 보석 시장은 짧은 시간 내에 고부가가치의 제품을 만들어낼 수 있는 매우 매력적인 시장이다. 세공을 전문적으로 하는 분들에게는 3D 프린터가 사업에 큰 날개가 될 수 있다. 지금까지는 모든 것을 손으로 만들었다면 3D 프린트를 이용해서는 3D 모델링 소프트웨어를 통해 지금까지 만들지 못했던 것들을 표현할 수 있다. 비용 면에서는 제작 가격 대비 경제적으로도 큰 이익을 가져다줄 수 있다. 셰이프웨이스에는 소비자와 생산자를 연결하는 채널 서비스가 다양하다. 본인의 역량만 있다면 바로 일을 받아서 진행할 수 있다. 다만 셰이프웨이스와 같은 사이트에 물건을 주문 받으려면 상대편에서 요구하는 사항을 지켜야만 한다. 물체의 속을 비우라거나, 빈틈을 만들어라 같은 주문이 있을 것이다. 이와 관련된 내용은 6단계 '모델링하기 전에 반드시 확인해둘 것'을 참고하면 그 방법을 자세히 알 수 있다.

보석 디자인의 경우 업종 특수성으로 인해 진입이 매우 힘든 사업이며, 그런 이유로 일정 기간의 트레이닝을 거치게 된다. 그러므로 보석 디자인 사업을 하기 위해서는 기존의 보석 디자인 업계에서 일했던 사람에게 도움을 얻는 것이 가장 좋다.

디자인 상품(토이 캐릭터 등)

디자인 상품을 만들려면 여러 가지 역량들을 갖추고 있어야 한다. 우선 디자인 능력과 상품 개발 능력 그리고 판매 능력이 필요하다. 이 모든 것을 혼자 하기에는 매우 어렵다. 자신의 힘이 닿지 않는 부분에 대해서는 외부에 의뢰를 해야 하기도 하고 스스로 해결한다면 시간도 오래 걸릴

디자인 제품은 가장 다양한 아이디어를 적용할 수 있는 분야다.

수 있다. 그러므로 디자인 상품을 개발하여 투자를 받는 것이 가장 현명하다. 투자나 협력자를 얻기 위해서는 투자나 협력자를 얻기 위한 프레젠테이션 실력도 갈고닦아야 한다. 실제로 블로그에 올린 작품을 보고 투자하겠다고 하는 사람들이 나타나기도 한다. 자신의 작품을 알리는 마케팅 적극성이 매우 필요하다.

도자기

전통적인 방식에서 깨진 도자기를 복원하기 위해서는 찰흙이나 세라믹으로 직접 수작업 하는 것이 일반적이다. 그러나 지금은 여러 단체 또는 개인들이 3D 프린터를 활용하여 좀 더 쉽고 효율적인 방법으로 문제를 해결하려고 시도하고 있다. 이 분야는 아직 미개척 분야로 부가 가치가 매우 큰 사업으로 분류될 수 있다.

    이 분야의 사업을 하기 위해서는 정부 관련 부처에 직접 전화하여 설명회를 갖고 그들에게 기술을 알리는 과정이 필요하다. 흔하지 않은 작업이기 때문에 희소가치가 극히 높으며 극도의 정교함을 요구한다.

자동차 튜닝

    자동차 튜닝 쪽은 아직도 찰흙을 이용하여 손으로 주물을 만들고 그것을 가공하여 결과물을 만들어내는 방식으로 이뤄지고 있다. 만일 3D 프린터를 활용하여 짧은 시간 내에 고객이 원하는 결과물을 출력하는 서비스를 한다면 현재 서비스의 질과 효율성 측면 둘 다에서 혁신이 일어날 것이다. 예를 들어 자동차 기어를 바꿀 때 사용되는 기어 보브는 커스터마이징하여 만들 시 60만 원에서 100만 원까지 판매 가격이 형성되어 있다. 2주에서 한 달 걸리는 작업 공정을 매우 효율적으로 관리할 수 있다면 빠른 작업으로 인해 훨씬 더 많은 수익을 낼 수 있을 것으로 예상된다.

3D 프린터는 튜닝 외에도 이미 자동차 자체를 생산할 수 있는 단계까지 진화했다. 어비Urbee라고 하는 차체가 가볍고 에너지 절약에도 도움이 되는 자동차다 지디넷 코리아, 2013.3.1.. 여느 3D 프린팅 출력물이 그렇듯 대중화를 이야기하기에는 이르지만, 3D 프린팅의 다양한 가능성을 보여주는 대표적인 사례라고 할 수 있다.

의료

치과 의료 분야 종사자에게도 3D 프린터가 큰 도움이 되고 있다. 치과 관련 응용 분야는 활발한 연구 및 새로운 시도가 계속 일어나고 있는 역동적인 분야다. 성형외과 분야에서는 환자의 뼈나 신체 일부를 스캔한 데이터를 가지고 모의 수술을 진행한 후, 모의 수술에서 사용된 경험이나 기술을 실제 수술에 적용한다. 그럼으로써 실패할 확률을 최대한 줄이고 환자의 만족도를 높이는 일들이 성공적으로 진행되고 있다. 예를 들어 환자의 얼굴뼈를 수술할 때 보통 뼈를 깎은 후에 다시 그 뼈들을 붙이는데 그럴 때 금속으로 된 장치가 필요하다. 3D 프린터로 미리 그 뼈를 만들어서 모의 수술을 해보면 정확한 위치에 정확하게 맞는 금속 형태를 만들어낼 수 있다. 환자의 뼈에 맞는 맞춤형 수술이 가능한 것이다. 뿐만 아니라 인공 피부 이식이나 인공 관절, 인공 의족 등 다양한 시도가 이뤄지고 있다.

또한 수술용 도구를 3D 프린터로 제작하려는 의사들도 등장하고 있어 환자 및 소비자가 3D 프린터의 혜택을 누릴 수 있는 기회들이 늘어날 전망이다.

건축

최근 네델란드의 건축업자 헤드버흐 헤인스만 Hedwig Heisman은 3D 프린트 캐널 하우스 프로젝트를 통해 건축자재를 여러 번 나를 필요 없도록 건설 현장에서 3D 프린터를 사용하고 있다. 매우 효율적으로 건물을 프린트할 수 있는 건축용 3D 프린트를 고안해낸 것이다. 3D 프린팅은 재료를 녹여서 사용하므로 건축 폐기물을 남기지 않고 운송 비용 또한 줄일 수 있기 때문에 매우 혁신적인 기술이라고 평가받았다.

건축물 제작을 위해 만들어놓은 캐드 파일만 있으면 3D 프린팅으로 간단하게 건축 모형을 제작 가능하다. 3D 프린팅을 통한 모형제작은 설계 및 시공 단계에서 각각의 플러그 모델을 약간씩 수정하면서 신속하게 작업할 수 있다.

악기 시장

악기 시장도 예외는 아니다. 기존의 제품과 비교하여 소리 또한 나쁘지 않아 무한한 가능성을 보여준다. 전문가들은 앞으로 몇 년 안에 3D 프린팅 악기 시장이 높은 점유율을 차지할 것이라고 예측한다. 이미 실험적인 악기들을 제작하는 이들도 있다. 심지어 기존의 악기 형태를 3D 프린터로 제작하는 것을 넘어 하나의 예술 작품처럼 완전히 새로운 악기 제작에 도전하는 것이다. 3D 프린팅 기술로 좀 더 개개인에게 적합한 악기 제작이

3D 프린팅을 통해 악기 디자인의 한계도 실험 중에 있다(http://www.oddguitars.com).

가능해질 것이며, 가격과 디자인의 다양화를 경험할 수 있을 것이다.

스포츠 레저상품

최근 자신의 개인 3D 프린터를 이용하여 50만 원 대의 카약을 만든 이가 있다. 놀라운 것은 이 카약이 고가의 프린터로 제작된 것이 아닌 개인용 3D 프린터로 조각조각 제작된 것이라는 점이다. 카약은 보통 수백만 원을 호가하는 제품으로, 이러한 도전은 우리에게 시사하는 바가 매우 크며 제작한 상품의 상품 가치 또한 매우 높다.

환경

우리나라에도 주목할 만한 상품이 있다. 바로 자전거 발전기다. 이 장치는 자전거 페달을 돌리면 배터리가 충전되는 장치로, 서울대학교 학생

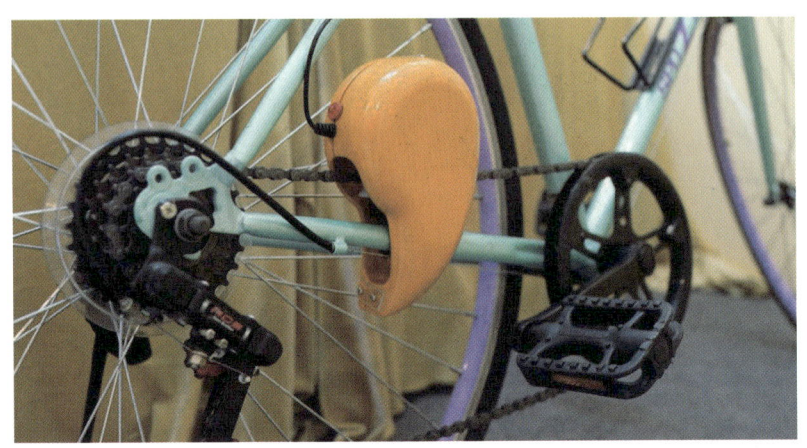

자전거를 이용한 발전 및 충전 장치. 3D 프린터로 출력한 뒤
아세톤을 이용하여 표면을 말끔하게 처리했다.

들이 어려운 이들을 위해 고안한 발명품이다. 이 제품의 외곽 디자인은 3D 프린터를 이용해 만들어졌다. 실용성과 함께 디자인도 살린 면이 눈에 띄는 제품이다.

이 제품의 제작자는 빠른 시간 내에 프로토타입을 만들어 클라이언트에게 제시할 수 있다는 점을 3D 프린터의 장점으로 이야기하기도 했다. 3D 프린터가 아니었더라면 몇 개월이 걸렸을 것이다. 자전거 발전기의 제작 기간은 1~2주 정도이고 3D 프린팅 비용은 대략 10만 원 가량 들었다.

특수 기능성 제품

기존에 사용되는 제품에 새로운 기술을 도입했을 때 완전히 새로운 것이 되는 경우가 있다. 그 예가 지능형 지팡이다. 자전거 발전기와 마찬가지로 서울대학교 학생들이 3D 프린터를 이용해 만든 작품으로, 시각 장애인과 노인들을 위한 지능형 지팡이는 사용자의 음성을 인식하여 사용자에게 정보를 제공하고 사용자가 위험한 상황에 처했을 때 이를 알려준다.

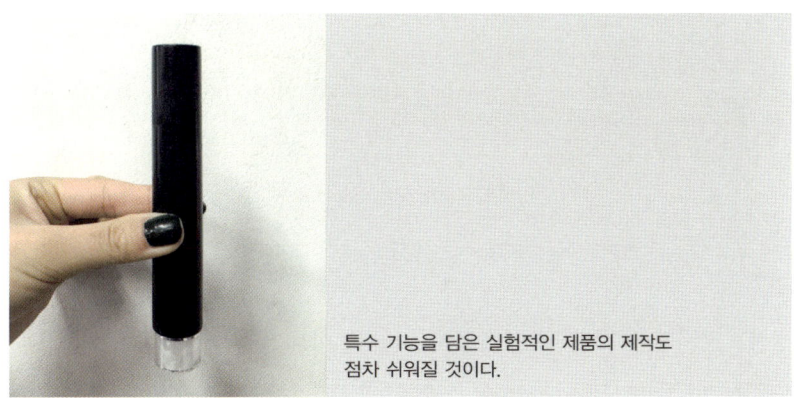

특수 기능을 담은 실험적인 제품의 제작도 점차 쉬워질 것이다.

2단계

창업 전, 반드시 알아야 할
3D 프린터 기초 상식

    3D 프린팅은 그 자체로 새로운 기술은 아니지만 어떤 재료를 사용하느냐에 따라 혁신적인 제품을 만들어낼 수 있다. 많은 사람들이 관심을 갖는 이유도 거기에 있다. 재료는 기본적으로 무엇이든 될 수 있다. 음식, 플라스틱, 시멘트, 유리, 섬유 등등 어떠한 것이든 프린트가 가능하다. 다만 어떤 3D 프린터로 출력하느냐에 따라 사용할 수 있는 재료도 달라진다.

가장 기본이 되는 프린터와 재료는 무엇일까?

    현재 가장 널리 보급되고 있는 FDM Fused Deposition Modeling 응용압출 적층모델링 방식의 3D 프린터는 실처럼 길게 생긴 필라멘트를 녹여 한 층 한 층 쌓아서 출력물을 만들어낸다. 주로 PLA Polylactic Acid, ABS Acrylonitrile Poly-

Butadiene Styrene 두 종류의 플라스틱 필라멘트를 재료로 사용한다.

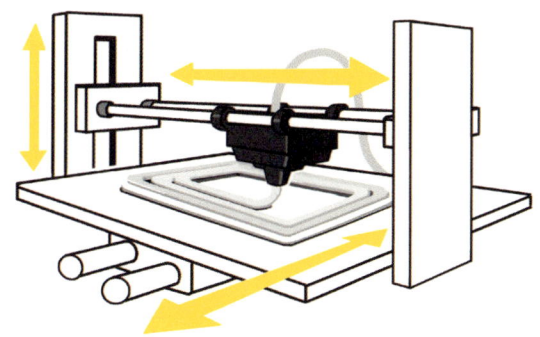

FDM 방식의 프린터. 노즐에서 필라멘트를 녹여 한 층 한 층 쌓아 올려 결과물을 낸다.

PLA, ABS 소재 외에도 나무 느낌이 나는 필라멘트, 말랑말랑한 느낌의 소재 그리고 나일론 소재도 출시되어 사용되고 있다. 이 중 나일론 소재는 염색이 가능한 것이 특징이다. 은점토 silver clay를 활용하여 금속 3D 프린팅도 가능하다. 은점토는 출력 후에 오븐에 구우면 금속 결과물을 확인할 수 있다.

왼쪽은 ABS 필라멘트 오른쪽은 PLA 필라멘트다. ABS 필라멘트는 석유에서 추출하는 대표적인 플라스틱 수지로 다양한 사용성과 강도를 지니고 있다.

2단계. 창업 전, 반드시 알아야 할 3D 프린터 기초 상식

기본적으로 ABS 필라멘트와 PLA 필라멘트는 구분하기가 다소 어렵지만 출력 과정에서 냄새로 구분이 가능하다. 외관으로는 컬러에 따라 구분하기도 한다. 결과물의 질에서도 차이가 난다. ABS는 좀 더 매끈한 느낌이지만 PLA는 약간 투박하다. 그렇다면 ABS는 언제 사용하고, PLA는 언제 사용하는 걸까? ABS는 소형 부품이나 작은 캐릭터에 적합하고, PLA는 대형 동상이나 대형 조형물에 적합하다. 이유는 수축율 때문인데 ABS 필라멘트로 큰 것을 뽑으면 형태가 일그러진다. ABS는 PLA에 비해 표면이 매끈한 결과물을 얻을 수 있다. 그러나 녹는점이 240도이기 때문에 열을 계속 유지해주어야 해서 다루기가 어렵다. 또한 열에 매우 민감해서 휨이나 수축이 일어날 수 있다. 그래서 대형 제품을 출력하는 데에는 매우 불리하다. 반면 PLA의 녹는점은 215도 정도로 큰 것을 출력할 때는 PLA가 유리하다. ABS만큼 수축이 심하지 않기 때문이다. 대개 출력물의 크기가 10센티미터 이하일 경우 작은 것으로, 이상일 경우 큰 결과물로 여긴다.

ABS 필라멘트

- ABS 필라멘트는 유독가스를 제거한 석유 추출물 재료로, 광택이 나는 것이 특징이다.
- 레고와 같은 재질이며 단단하지만 빨리 식기 때문에 수축성이 있다. 큰 조형물을 출력할 때 균열이 나거나 휨 현상이 발생할 수 있다. 그러므로 FDM 방식에서는 출력물이 올라가는 출력판을 110도로 가열한다. 가열을 지속하는 이유는 열이 없으면 바로 수축을 일으키기 때문이다.

ABS 필라멘트는 다양한 색을 갖추고 있다.

- 출력판에 열강화 테이프를 사용하면 좋은 결과물을 얻을 수 있다.
- ABS 필라멘트로 프린트할 때 특유의 냄새가 나기 때문에 밀폐된 공간이 아닌 환기가 되는 곳에서 사용할 것을 추천한다.

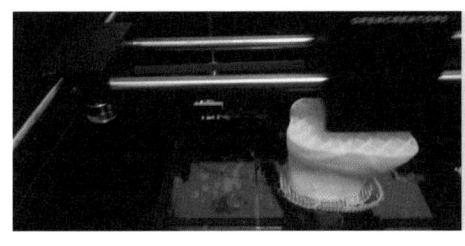

FDM 프린터에서 ABS 필라멘트를 출력하고 있다.

PLA 필라멘트
- PLA 필라멘트는 옥수수 전분을 이용해 만든 무독성 친환경적 재료다.
- ABS 재질에 비해 경도가 강하며 일반적으로 쉽게 부숴지지 않는다.
- 큰 형상을 프린트 할 때 ABS 재질에 비해 균열이나 휘는 현상이 적다.
- 프린트 할 때 ABS와는 달리 식물성의 달콤한 냄새가 난다. 또한 표

PLA 필리멘트는 외관상 ABS 필라멘트와 구분하기 어렵다.

면이 반짝인다는 특징이 있다.

플랙서블 필라멘트

- 플랙서블 필라멘트Flexible Filament는 고무 성분이 들어간 필라멘트로 탄성과 유연성이 매우 뛰어나다.
- 출력물이 잘 구부러지고 원형으로 되돌아오는 성질이 강하다.
- 단점은 출력물을 지지하는 서포터를 제거하기가 어렵다는 것이며, 빠른 속도로 출력하면 실패할 가능성이 높다. 서포터란 구조적으로 불안정한 물체를 출력할 때 이를 보완해주는 임의의 구조물이라고 여기면 된다.
- 샌들이나 디자인 상품으로 개발하기 매우 좋다.

말랑말랑한 플랙서블 필라멘트로 만들어진 제품은 탄력 있는 모습을 보인다.

나무 필라멘트

- 나무 공예에 적합한 재료이며, 목분과 PLA가 혼합된 필라멘트다.
- 나무 질감을 표현하는 데 매우 유용하며 나무 향이 난다.
- 열팽창 성질이 PLA 필라멘트와 동일하다.
- 유연하여 프린트할 때 조형물의 휨 현상이 거의 없다.
- 유독가스 등의 유해 물질이 나오지 않는 인체에 안전한 재료다.
- 소재의 특성상 온도 차에 따라 출력물 색상이 달라진다. 낮은 온도에서는 살구색으로 출력되고 높은 온도에서는 짙은 갈색으로 출력된다.

나무 재료로 만들어진 필라멘트는 수공예 느낌을 내는 데 유용하다 (www.3disonprinter.com).

나일론 필라멘트

- 나일론 필라멘트Nylon Filament는 PLA 필라멘트보다 유연하고 부드러운 성질의 재료이지만 플렉서블 필라멘트에 비해 유연성이 낮다.
- 탄력성과 광택이 뛰어난 재료다.
- 염료를 이용한 도색이 쉽다.

나일론 필라멘트는
염색이 가능하다는 특징이 있다
(www.3disonprinter.com).

PVA 필라멘트

- 물에 녹는 특성을 가진 필라멘트 재료다.
- 노즐이 두 개인 프린터를 사용하되 노즐 중 하나에는 PVA 필라멘트를 써서 서포터로 출력한다. 그런 다음, 출력물을 물에 넣으면 PVA로 만든 서포터 부분이 물에 녹아 매우 깨끗한 결과물을 얻을 수 있다.
- 건조한 곳에 보관해야 한다.

PVA 필라멘트는 물에 녹는 성질 때문에
주로 서포터로 사용된다
(www.3disonprinter.com).

엔지니어 필라멘트

- 공업 재료와 구조 재료로 사용되고 있는 강도 높은 플라스틱이다.
- 강철보다 강하고 알루미늄보다 전성이 풍부하며 금이나 은보다도 내약품성이 강한 고분자 구조의 고기능 수지다. 따라서 강도와 탄성 뿐만 아니라 내충격과 내마모성, 내열성, 내한성, 내약품성화학 반응이나

헬멧, 카메라 등에 사용되는
엔지니어 필라멘트
(www.3disonprinter.com).

용매 작용에 의한 손상을 견디는 성질 그리고 전기 절연성 등이 뛰어나 가정용품 및 일반 잡화 등에 쓸 수 있다.
- 대표적으로 헬멧, 카메라, 시계 부품, 항공기, 휴대 전화 등 각 분야에 걸쳐 사용된다.

HIPS 필라멘트

- HIPSHigh Impact Polystyrene 필라멘트의 강도는 ABS와 PLA 필라멘트의 중간이다.
- 유독가스를 제거한 석유 추출물 재료다.
- 광택이 나며 단단하지만 수축성이 있어 큰 조형물을 프린팅할 때 균열이 생긴다.
- 노즐이 두 개인 프린터에서 주로 사용되며 본 조형물의 지지대 역할을 하는 서포터로 이용된다.
- HIPS로 출력된 부분을 리모넨 오일Limonene Oil에 담가 녹일 수 있다.

HIPS 필라멘트도 서포터용으로 자주 사용된다
(www.3disonprinter.com).

녹일 때 특유의 향과 증기가 나므로 지속적인 환기가 필요하다.

스톤 필라멘트

- 스톤Stone 필라멘트는 표면이 거칠고 돌 같은 느낌을 주는 재료다.
- 재료의 특성상 165~175도 온도에서 출력을 권장한다.
- 온도가 올라가면 노즐에서 굳는 현상이 발생되어 노즐뿐만 아니라 노즐 윗부분의 튜브까지 교체해야 하므로 주의가 필요하다. 이는 ABS와 PLA 필라멘트를 제외한 모든 특수 재료를 사용하는 경우에 모두 해당되므로 각별히 유의해야 시간과 재료의 비용을 아낄 수 있다.
- 나무 필라멘트처럼 노즐 사이즈가 클수록 유리하며 가정용 프린터

스톤 필라멘트는 돌같은 느낌을 주는 독특한 재료다
(www.3disonprinter.com).

의 경우 0.4밀리미터 노즐이 사용되지만, 제조사에서는 이 재료를 사용할 때 0.6밀리미터 이상의 노즐을 사용할 것을 추천한다. 나무나 스톤 필라멘트는 특수한 재질이다 보니, 막힘 현상을 방지하기 위해 정밀하게 0.1이나 일반적인 0.4밀리미터 노즐보다 약간 느슨하게 0.6밀리미터로 출력하는 것을 권장하는 것으로 생각된다.

정교한 오브젝트를 만드는 3D 프린팅

더 섬세한 모형도 출력할 수 있을까? 이제부터 소개하는 방식은 형태가 복잡한 모형에 주로 사용되는 DLP, SLA, SLM, SLA 프린팅 방식이다. DLP 디지털 광학 기술 방식은 쉽게 말하면 빛을 투사하여 투사한 모양대로 적층하는 방식이고 SLA 광경화수지조형 방식은 광경화성 수지가 담긴 수조 안

DLP나 SLA 방식은 복잡한 출력물에 더 적합하다(www.formlabs.com).

에 레이저 빔을 투사하여 적층하는 방식이다. 액체 재료에 레이저를 쏘아 결과물을 만든다. 한 층씩 쌓아가는 FDM 방식과 달리 DLP의 경우, 빔 프로젝터처럼 면 단위로 결과물이 출력된다. 아직 3D 프린터를 접해보지 않았다면, 단번에 이해하기 쉽지 않을 것이다. 타이드 인스티튜트에서 운영하는 팹랩 서울FablabSeoul, 오픈크리에이터 등에서 3D 프린터 장비 교육을 받고 실제로 3D 프린터가 작동하는 모습을 보면 이해가 더 빠르다. 실제 방문하는 것이 여의치 않다면, 유튜브를 통해 FDM, DLP, SLA, SLS 등 다양한 프린팅 방식을 볼 수 있으니 참고하면 좋다.

액상 재료 '레진'과 DLP, SLA 방식 프린터

DLP와 SLA 모두 플라스틱 레진을 사용한다. 이 프린터들은 매우 정교한 결과물을 출력할 수 있기 때문에 금속 주조로도 사용이 가능하다. 예를 들어 정교한 세공품을 만들고 그것을 만들 수 있는 금속 주조 틀을 만들면 대량생산까지 할 수 있다.

레진에는 다양한 색이 구비되어 있다. 사진의 재료는 폼랩(Formlab)의 레진이다
(www.formlabs.com).

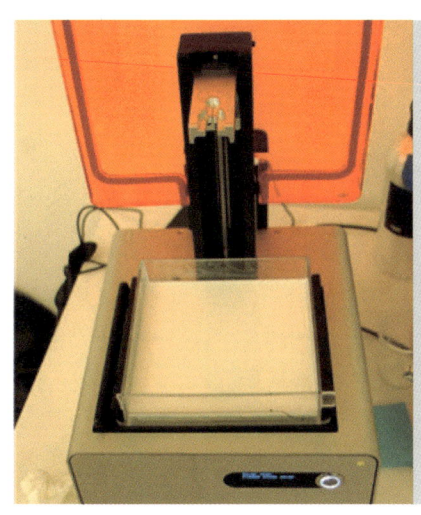

DLP 3D 프린터의 작동 방식(위)과 폼원플러스(Form1+)에 액체 재료를 주입한 모습(아래). 그림에서 하얀 색으로 보이는 곳이 바로 액체 탱크다. 액체 탱크 아래에서 레이저가 나오면서 출력물을 만든다.

SLA 방식

아래 그림은 SLA 방식 프린터의 작동 방식을 보여준다. 레이저 빛을 받은 액체 재료가 아래에서부터 서서히 고체화되는 상황을 표현한 것이다. 단층으로 한 층 한 층 쌓아가면서 오브젝트를 만들어내므로 대부분의 3D 프린터는 시간이 오래 걸린다. 대부분의 3D 프린터는 비슷한 방식으로 작동된다.

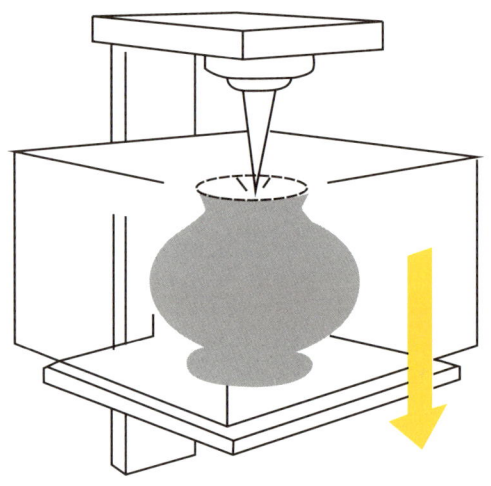

SLA 방식 프린터는 레이저가 위에서 아래 방향을 향해 나오며
액체 재료가 빛을 받으면 고체화된다.

SLM 방식

SLM Selective Laser Melting 프린터는 레이저를 쏘며 재료를 조형하는 방식인데, 나사NASA에서도 사용하는 3D 프린터로, 로켓의 모터 부품을 만들어 성공적으로 사용하고 있다.

대부분의 3D 프린터는 노즐에서 가늘게 재료를 뽑아 밑에서부터 쌓아가는 비슷한 구조로 되어 있으며, SLM 방식 프린터 또한 한 층 한 층 만들어진다. 복잡하게 보이지만 구동 원리는 의외로 매우 간단하다.

3D 프린팅 금속 재료를 레이저로 쏘아 원하는 모형으로 조형해낸다.

50쪽에 금속 재료의 프린팅 과정을 그림으로 나타내보았다. 금속 파우더를 담은 용기에 레이저를 쏘이면 레이저의 영향으로 가루가 굳어 오브젝트가 형성된다①. 레이저를 쏘아 가루가 굳으면 왼쪽에서부터 롤러가 파우더 위로 재료를 한 겹 밀어내듯 지나간다②. 그러면 파우더가 출력물이 있는 곳으로 한 층 더 깔리고③ 동시에 출력판은 출력물이 생성되는 만큼 한 층씩 내려가는 식이다④. 레이저로 쏘고 출력판을 내리고 파우더

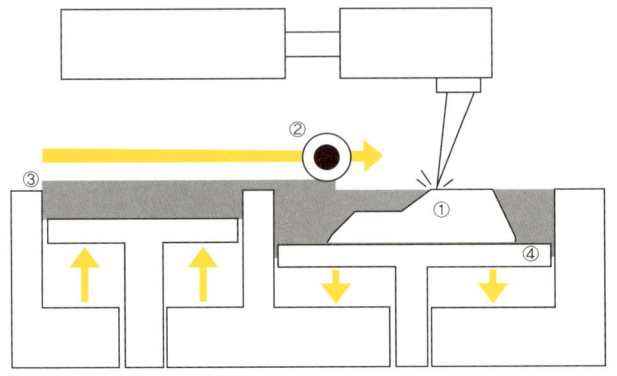

레이저를 분말 형태에 재료에 쏘이면
출력물이 생성한다. 이 방식은 SLS 방식의 프린팅에서도 동일하게 적용된다.

를 한층 더 깔아주는 과정이 반복되면서 조금씩 형상을 만들어낸다. 프린팅이 끝나면 물체가 마치 가루 속에 묻혀 있는 모습이 되어 있을 것이다. 이러한 방식은 파우더라는 재료의 특성에 맞춘 것일 뿐 한 층씩 쌓아서 만들어간다는 기본 개념은 거의 대다수 프린팅 방식에서 같다.

SLS 방식 프린터

3D 시스템스사 3D systems의 Z 프린터 Zprinter는 석고를 이용하여 컬러 프린팅을 할 수 있다. 고가의 장비에서는 분말 형태의 금속을 이용하여 3D 프린팅을 하는 경우도 있다. 분말을 이용할 때 유리한 점은 서포터가 불필요해지므로, 재료의 낭비가 없고 상상한 대로 표현 가능하다는 것이다. 10단계에서 자세히 설명하겠지만, FDM 방식은 출력물을 아래에서부터

쌓는 방식이기 때문에 디자인된 아이템이 공중에 떠 있는 형태일 경우, 바닥출력판, 베드과 출력물이 생성되는 곳 사이의 빈 공간을 지탱해줄 '서포터'가 필요하다. SLS 방식 프린터에서는 이 서포터가 없어도 출력이 가능하다.

SLS 방식 프린터의 작동 방식도 SLM과 같다. SLS 방식의 프린터 역시 SLM 방식의 프린터처럼 정교한 오브젝트를 출력할 수 있다.

특수 재료를 이용한 3D 프린팅

음식 재료

- 초코 스케치Choco Sketchs는 초콜릿으로 그림을 그릴 수 있는 3D 프린터 키트다.
- 초코 스케치의 초콜릿은 초콜릿 3D 프린터에 맞게 성분이 조절되어 있다.

분말 형태다. 이것을 녹여 피스톤에 넣어 짜 넣는다.
(www.3disonprinter.com)

- 전용 프린터에서만 출력이 가능하다.

금속 재료
- 철, 은, 구리, 황동을 아주 곱게 분말로 만든 다음, 그것을 점토 형태로 다시 가공한 페이스트형 3D 프린팅 재료다.
- 재료의 특성상 출력 후에 토스트 오븐이나 가마에 구워야 한다.
- '음식' 재료에서 소개된 것과 같이 일반 가정용 프린터로는 출력이 불가능하다.

3D 프린터의 재료 개발이야말로 미개척 황금시장이다. 누가, 어떻게, 어떤 목적으로 개발하는지에 따라서 장을 선점하는 것은 물론이고 한순간에 미래를 바꿀 혁신을 가져오는 바탕이 되기도 한다. 3D 프린터 재료의 가장 중요한 요소는 친환경적 소재의 안전성과 수급 가능성이다. 이 두 가지 조건은 반드시 고려해서 개발되어야 한다.

아무도 알려주지 않는 3D 프린터의 진실

3D 프린터에 대한 정보를 찾다보면 프린팅할 때의 어려움이나 시행착오보다는 장밋빛 미래만을 이야기하는 유혹적인 정보가 눈에 띄고 거기에 사로잡히게 마련이다. 다음은 보다 제대로 3D 프린터에 접근하기 위한, 동시에 시행착오를 줄일 수 있는 아홉 가지 핵심 정보를 살펴볼 것이다. 사소해 보이지만, 아니 오히려 사소하기 때문에 쉽게 간과하여 놓칠

수 있는 부분이니, 작업 전에 반드시 읽어보기를 권한다.

프린터에 따라 결과물의 차이는 천차만별이다

FDM 출력물의 품질로는 물건을 상품화하기가 매우 어렵다. 뱀이 몸을 여러 번 말아 또아리를 튼 모습이나 줄을 둘러 팽이를 감싼 모습을 상상해보라. 굴곡 있는 표면이 상상되지 않는가? 노즐에서 가는 줄 같은 재료가 여러 번 쌓여 면을 만든다고 한다면, 그 표면이 부드러울 리 없다. 재료가 한 줄씩 쌓이면 자연히 표면은 거칠어진다. 어느 정도 상품성을 갖추려면 FDM로 출력하고 나서 거친 표면을 가공해야 한다. 후가공은 시간이 많이 들고 오랜 인내가 필요하다. FDM 제조사들 중에서는 다른 고가 3D 프린터에서 출력된 제품을 마치 자사 출력물인 양 홍보하는 곳도 있고, 후가공에 정성을 들여 그럴 듯한 제품으로 3D 프린터의 능력을 어물쩍 부풀리는 곳도 있다. 제조사의 특성을 정확하게 알고 있어야 불필요한 투자를 막을 수 있다. 그런데 이제 막 3D 프린터를 접한 사람이 제품 설명서만 보고 그 특성에 따른 차이를 잘 알기는 어렵다. 그럴 때는 프린터를 구입하기 전에 샘플을 출력해보는 것도 좋은 방법이다. 거의 모든 3D 프린터의 출력물에는 얇은 층이 형성된다. 샘플을 출력했을 때, 출력물 표면의 층이 얼마나 얇은지 살펴본다. 고가의 프린터의 경우는 그것이 극히 미세하여 보이지 않는 것처럼 여겨진다.

차세대 3D 프린터 DLP과 SLA VS. FDM 프린터

현재는 FDM 방식이 많이 사용된다. 그러나 3D 프린터 제조사는 DLP

와 SLA 등 다른 기술을 차용한 프린터를 개발 중이고 출시도 앞두고 있다. 몇 년 안에 다양한 프린팅 방식의 프린터들이 폭넓게 사용될 전망이다. 특히 주목을 끄는 것은 DLP와 SLA 방식 프린터다. 이 두 방식으로 프린트 하면 표면이 매끈한 출력물을 얻을 수 있으며, 가격 또한 저렴하여 인기를 끌 것이다. DLP와 SLA는 매우 디테일한 작업을 해야 하는 귀금속 디자이너들에게는 특히 좋은 도구가 될 것이라 본다. 그러나 고가의 레진 일부를 제외하고는 대개 재료에서 냄새가 나며 연료 탱크를 주기적으로 바꿔야 한다는 단점이 있다. FDM 방식을 쓸 경우에는 국내 제조사 프린터를 선택할 것을 권한다. FDM 방식은 활용 범위가 넓지만, 고장이 잘 난다는 단점이 있다. 설계도 복잡하게 되어 있으므로, 고장이 났을 때 스스로 해결하기에는 벅차다.

재료의 유해성을 잘 알아보자

FDM 방식의 ABS 필라멘트에서는 독한 냄새가 난다. 또 여러 번 언급했듯 DLP와 SLA 방식의 재료인 액체 레진은 저렴한 것을 썼을 때 특히 냄새가 심하다. 고가의 액체 레진은 각 제조사의 사양에 따라 냄새 여부가 결정되기도 한다. 아이들이 있는 집에서는 사용하기 어려울 정도다.

다양한 후가공이 완성을 좌우한다

3D 프린팅 할 때 출력물 겉면에 얇은 층이 발생하는데 화학 약품을 써서 표면을 매끄럽게 할 수 있다. 아세톤으로 약 60~70도 정도로 가열하여 그 증기통에 출력물을 넣으면 ABS 출력물의 표면이 녹으면서 매끄러

워진다. 이 방법은 상업적으로도 종종 이용된다. 그러나 아세톤 외에 다른 화학 약품들은 주의 깊게 취급해야 한다. 쉽게 위험에 노출되기 때문이다. 자칫 눈이나 코로 들어갔을 때 그 유독성 때문에 담보할 수 없는 일이 벌어질 수도 있다. 그러므로 확인되지 않은 화학 약품은 사용하지 않기를 권한다.

아세톤을 몇 방울을 떨어뜨리고 60~70도 가열하면 증기가 나오면서 아래 그림과 같이 윤이 난다. 아래 그림에서 가운데 강아지 인형이 아세톤으로 가공 처리된 출력물이다.

3D 프린터를 구입할 때 꼭 확인해야 할 사항

　기기를 갖추고 시작하려는 사람이라면, 프린터 구입을 위해 다양한 제품을 꼼꼼하게 비교할 것이다. 하지만 어떤 기능이 우선되어야 하고, 어떤 기능이 덜 필요한지 등 프린터 구입의 기준을 세우는 데 어려움을 겪는다. 이때 가장 먼저 살펴야 할 부분은 흔히 베드라고도 불리는, 3D 프린터의 출력판이다. 더 정확히 말하면 '자동 수평 조정이 되는 출력판의 유무'다. 출력판의 중심이 자동으로 맞춰지는 기능이 있는 제품이 좋다. 많은 FDM의 출력물 에러는 바닥이 평평하지 못하기 때문에 발생하는데, 바닥이 평평하지 않으면 필라멘트가 출력판에 안정적으로 붙지 못한다.

직접 구매로 비용을 낮출 수 있다

　실제로 3D 프린터의 재료의 원가는 그다지 비싸지 않다. 공개되어 있는 가격은 거품이 많이 끼어 있는데, 3D 프린터 재료 제조사를 통해 직접 구매하면 저렴한 가격으로 필라멘트나 레진을 구입할 수 있다. 해외 구매도 한 방법이다. 재료비를 아끼는 것도 중요하지만 검증된 제품을 사야 프린터 관리나 프린팅에 좋다. 자신이 가지고 있는 프린터에 최적화된, 검증된 제품을 쓰는 편이 장기적으로 유리하다.

3D 프린팅은 몇 개월 안에 숙련되지 않는다

　전체적인 분위기가 3D 프린팅을 쉬운 기술로 소개하고 있기 때문에 실제 사용해보면 실망하는 이들이 적지 않다. 아무것도 모르는 초보자가 3D 프린팅에 상업적으로 성공한 제품을 만들려면 적게는 2~3개월에서 수개월은 걸린다. 물론 채색이나 출력물 표면의 품질 등은 기술이 발전되면 해결될 수 있을지 모르지만 기본적인 모델링의 개념이나 재료의 사용, 출력 후가공과 분할 등은 몇 개월 안에 해결할 수 없는 문제다. 이를 해결하기 위해서는 3D 프린터의 노하우가 반드시 필요하다. 몇 개월 연습하여 간단한 것은 만들어낼 수 있을지 모르나 상용화 가능한 것을 만들려면 체계적인 교육과 경험이 필수다.

쉬운 소프트웨어는 늘 등장한다

제품을 프린트 하려면 그 전에 제품을 설계해야 한다. 3D 프린팅은 일반적인 소프트웨어보다는 캐드전문 설계 도구를 사용하는 것이 유리하다. 캐드전문 설계 도구는 디자인 프로그램인 마야, 맥스보다 좀 더 정확한 수치를 입력할 수 있기 때문에 3D 프린팅에 유리하다. 전문 설계 도구는 접근성이 좋지 않지만, 현재 점점 쉽게 사용할 수 있도록 진화하는 과정에 있다. 예전 포토샵을 생각해보자. 지금 얼마나 쉬워졌는가?

결과물을 보려면 인내심이 필요하다

10센티미터 피규어 인형을 출력하는 데 5~10시간이 소요된다. 오브젝트가 얼마나 단순한지, 프린팅 할 때 세팅을 어떻게 했는지에 따라 출력 시간은 더 줄어들 수도, 더 늘어날 수도 있다. 또 프린터 기종에 따라 다르겠지만, 아무리 좋은 기계라 하더라도 한두 시간 안에 인형 하나를 붕어빵 찍어내듯이 출력할 수는 없다.

지금까지 3D 프린터 입문자가 알아야 할 기본적인 부분들을 살펴보았다. 어디에서부터 시작해야 할지 알겠는가? 재료와 프린팅 방식에 따른 프린터 종류에 대해 다양하게 다뤘지만, 무엇보다 한 번 직접 해보는 것보다 좋은 공부는 없다. 이제 이 장을 통해 3D 프린터를 어떻게 활용해야 할지 감을 잡고 어떤 사업을 시작할지 서서히 계획을 구체화하는 단계에 들어섰다면 곧 창업을 시작하는 데 가장 고민되는 문제와 맞닥뜨리게 된다. 바로 창업 비용이다.

우리 주변에는 우리가 생각하는 것보다 창업에 도움을 받을 수 있는 기관이나 제도가 많다. 다음 장에서는 창업을 시작하는 이들이 참고할 만한 다양한 제도를 살펴보자.

3단계

초기 자금은 어떻게
마련하면 좋을까?

정부는 내 사업의 든든한 투자자다

3D 프린팅에 매료되어 창업을 생각하는 사람들이 크게 관심을 갖는 부분은 정부의 창업 지원제도다. 아이디어만 좋으면 정부에서 유리하게 투자금을 받을 수 있다. 정부에서 지원하는 프로그램은 생각보다 많다. 정부에서 지원하는 사업과 기업에서 제공하는 지원 사업 등이 다양하기 때문에 평소에 신청 시기나 조건 등을 잘 확인하여 꼼꼼히 챙겨야 한다. 지원 사업들은 매년 비슷한 시기에 신청자를 모집한다. 신청할 때는 청년층 또는 장년층처럼, 특정 연령대를 대상으로 하는 교육 또는 지원 사업이 있으므로 나이 제한이 있는지를 잘 체크하고 자신이 여러 자격 요건을 충족하는지, 지원 제외 대상은 아닌지 등을 유의해서 봐야 한다.

정부 지원 제도와 민간 지원 제도는 굉장히 다양하고 세분화되어 있다.

지원금 규모도 작게는 몇 백만 원부터 많게는 1억 원까지로 스펙트럼이 넓다. 예전에는 지원금에 대해 '1억 못 받으면 바보'라는 우스갯소리도 있었지만 요즘은 상황이 다르다. 창업 붐이 일면서 지원을 받고자 하는 기업들 간 경쟁이 치열해진 것이다. 이러한 이유로 정부에서는 예비 창업자, 1년 미만의 초기 창업자, 3년 미만의 초기 창업자 등으로 대상을 더욱 세분화하여 구분 짓고 있다. 수준차가 많이 나는 기업들끼리 경쟁하지 않도록 하기 위해서이다. 아직 사업자등록증이 없거나 법인을 설립하지 않았다면 예비 창업자를 위한 정부 지원 제도에 도전할 수 있다. 당분간 동료 없이 혼자 소규모로 창업할 계획이라면 1인 창조기업을 위한 지원 제도를 추천한다. 이 장에서는 예비 창업자 및 초기 창업자들이 도전할 만한 지원 제도들에 초점을 맞춰 중소기업청에서 제공하는 정부 지원 제도, 지방 자치 단체에서 지원하는 창업 지원 제도, 마지막으로 민간 지원 제도를 소개한다. 소개에 표시된 날짜들은 이미 지난 것이지만 매년 비슷한 시기에 모집하고 신청 시 참고해야 할 부분은 대동소이하므로 참고로 하면 좋다.

아이디어에서부터 사업화까지 지원해주는 과정이 제공되고 있다.

창업자를 위한 정부 지원사업

지원 사업의 요지나 목표는 대개 비슷한 면이 있지만, 지원을 주재하는 곳에 따라서 작은 차별점이 있다. 중소기업청의 예비 창업자 및 초기 창업자 대상 지원 사업은, 해당 창업이 체계적으로 사업화를 진행하며 건실한 회사로 성장할 수 있는지를 심사한다. 중소기업청 지원 사업의 목적이기도 하다. 중소기업청은 창업의 단계별로 다양한 지원제도를 갖추고 있는데 그 수가 다 합해서 서른 개가 넘는다.

예비 창업자 및 초기 창업자만 대상으로 하는 지원 사업만 해도 꽤 여러 가지가 있다. 여기에서는 그중에서도 창업의 가장 초기 단계인 '창업 준비 및 실행 단계'에 해당되는 지원 사업들을 소개한다. 2014년에는 주로 3월 중에 신청자 모집 공고가 났으며, 매년 2월이나 3월에 모집한다고 생각하고, 해당 시기에 주의 깊게 모집 공고를 살피기를 바란다. 지원 분야별로, 창업 목표나 비전, 규모별로 지원 가능한 영역이 세분화되기 때문에 이런 것들을 하나하나 찾아서 비교해보기란 쉽지 않다. 내가 창업을 준비하며 알아봤던 것들 가운데 중요 비교 항목만 간추려 표로 정리해보았다. 정리된 항목은 2014년 기준인데, 이를 교과서 삼아 그대로 따르기보다는 내가 어떤 전략을 세워서 지원받아야 하는지 판단하는 참고자료로 활용하기를 바란다.

보다 자세한 내용은 창업넷 홈페이지 www.changupnet.go.kr에서 확인할 수 있다. 지원 제외 대상에 걸리지는 않은지, 자신이 신청할 수 있는 자격 요건이 더 없을지 등을 살펴보고 곧 다가올 기회를 노리는 것이 좋다.

구분		항목	대상	주요 내용
주요 벤처 창업 지원 사업	창업준비 및 실행단계	창업기획사 운영	예비 창업자, 3년 미만 창업 기업 대표자	**지원 규모** 50억 원, 100개 과제 **지원 내용** 창업 기획사가 우수 예비 창업자를 발굴, 창업 멘토링, 시제품 제작, 지분 투자 연계 지원
		기업가 센터 운영	대학생, 재기 창업자	**지원 규모** 35억 원, 5개 센터 **지원 내용** 대학 내 기업가정신, 창업 교육, 컨설팅, 재기창업 지원
		청년창업사관학교 운영	만 39세 미만 예비 창업자 또는 3년 미만 창업 기업 대표자	**지원 규모** 260억 원, 300개 과제 **지원 내용** 창업의 전 과정 집주 코칭 및 사관학교 내 창업 사무 공간 제공 등
		창업 맞춤형 사업화 지원	예비 창업자 및 1년 이내 창업 기업	**지원 규모** 499억 원, 900개 과제 **지원 내용** 대학 등 창업지원 인프라를 활용하여 창업 아이템 시제품 제작, 마케팅 등 사업화 지원 공간 제공 등
주요 벤처 창업 지원 사업	창업준비 및 실행단계	글로벌 청년 창업 활성화	예비 창업자 및 5년 미만 창업 기업	**지원 규모** 50억 원, 100개 과제 **지원 내용** – 국내 창업자: 해외 창업/진출을 위한 연수, 보육 프로그램 제공 – 외국인 창업자 비용 지원(5천만 원 한도)
		무한상상 국민 창업 프로젝트 운영	아이디어를 보유한 국민 누구나	**지원 규모** 별도 없음(비예산사업) **지원 내용** 대중 아이디어의 사업화를 위해 전문 운영기관이 아이디어 접수, 선별, 디자인, 시제품 제작, 양산, 판매 등 전 과정을 수행
		스마트 창작터 운영	예비 창업자 및 초기 창업 기업	**지원 규모** 112억 원, 22개 창작터 **지원 내용** 모바일 앱, ICT 등 유망 지식 서비스 분야 개발 교육 및 창업 지원
		스마트 벤처 창업학교	예비 창업자 및 초기 창업 기업	**지원 규모** 130억 원 **지원 내용** 앱, 콘텐츠, SW 융합 분야 전용 개발 공간 제공, 사업계획 수립, 멘토링 및 마케팅 지원

신청 대상(2014년 기준) 예비창업자(신청일 현재 창업을 하지 않은 자로서 협약종료일로부터 3개월 이전에 창업이 가능한 자) / 1년 이내 창업기업 대표(2012년 1월 1일 이후 창업한 자).

2014년도 본격 추진되는 벤처 창업 자금 생태계 선순환 방안 및 주요 지원 제도(제공: 중소기업청)

중소기업청에서 제공하는 1인 창조기업 대상 지원

1인 창조기업이란 지식 서비스 및 제조업전통식품 제조, 공예품 등분야에서 창의적인 아이디어, 전문기술, 지식, 지식재산권을 사업화하는 개인과 개인 사업자 또는 법인으로 대표자를 포함한 종사자가 한 명인 기업을 말한다. 1인 창조기업은 주로 일자리 창출 및 중소기업 활성화를 위한 정책이다. 하지만 시시각각 빠르게 변하는 시장의 리듬에 맞추는 소규모 창업이라는 트렌드에 적합한 정책이기도 하다. 실제로 낮에는 평범한 회사원, 저녁에는 1인 창조기업을 운영하는 대표로 투잡을 하는 사람들이 늘고 있다고 한다. 단, 1인 창조기업으로 인정되는 업종은 지정되어 있다.

- S/W, 인터넷 서비스, 컨설팅, 디자인, 전시 등 제조관련 서비스업
- 영화·예술·관광·저술·시나리오 등 문화 관련 서비스업
- 건축 기술, 엔지니어링, 연구개발 등 전문 과학 및 기술 서비스업
- 제조업 전통식품, 공예품, 컴퓨터 및 전자부품 등 일부 업종

1인 창조기업 지원 사업에도 여러 가지가 있지만 3D 프린터를 이용한 창업의 초기 단계에 직접적인 관련이 있는 지원 사업은 '1인 창조기업 비즈니스센터 운영 사업'과 '1인 창조기업 마케팅 지원 사업' 두 가지가 있다.

1인 창조기업 비즈니스센터 운영 사업

비즈니스 공간 제공, 세무/회계/법률 관련 전문가 상담, 전문교육 등 경영지원 및 사업화 지원 사업이다.

신청 대상 1인 창조기업 및 1인 창조기업 창업 예정자

신청 기간 연중 수시

지원 규모 80억 원2014년 기준 / 비즈니스 센터당 1억 5천만 원 내외

지원 내용 사무 공간, 회의실 등 비즈니스 공간 지원 / 세무 회계 법률 특허 등의 전문가 상담, 교육, 정보제공 등의 경영 지원 / 1인 창조기업과 외부기관기업 간 프로젝트 연계 및 수행 기회 제공, 지식 서비스 거래 및 사업화 지원

1인 창조기업 마케팅 지원 사업

마케팅 능력이 부족한 1인 창조기업에 대한 맞춤형 마케팅 지원을 통해 보유 지식의 사업화 역량을 강화시켜주는 지원 사업이다.

신청 대상 1인 창조기업 및 1인 창조기업 창업 예정자

신청 기간 별도 공고 2014년 2월

지원 규모 50억 원2014, 400개사 내외

지원 내용 총 사업비의 최대 80퍼센트2000만 원까지 지원 / 사업화 디자인 개발시각 디자인, 제품 디자인, 브랜드 개발 등 / 온라인 사업화 지원홈페이지 제작, 검색 엔진 마케팅, 홍보 앱 개발 등 / 오프라인 사업화 지원시장 조사, 전시회 참가, 지재권 출원 등

기타 지원 사업이나 더 자세한 내용은 중소기업청 홈페이지http://www.smba.go.kr에서 확인할 수 있다.

서울산업진흥원의 창업지원 프로그램 '챌린지 100 프로젝트'

각 거주하는 지역의 대학이나 지방자치단체에서도 다양한 창업 프로그램을 지원한다. 그중에서도 서울시는 서울시 청년 창업센터를 설립하여 우수한 창업 아이템을 보유하고 있음에도 자금 부족 등으로 창업에 어려움을 겪고 있는 20~30대 예비 창업자들에게 시가 보유하고 있는 유휴 공간을 최대한 활용하고, 시설, 장비, 운영비 등을 획기적으로 지원하여 성공적인 창업을 유도하고 있다. 서울시가 제공하는 청년 지원 사업의 일환이므로 신청 대상자는 20~39세으로 제한되고 2014년 기준, 접수 마감일 기준 주민등록상 서울시 거주자라는 자격이 필요하다. 나이나 창업 준비 기간에 대한 기준은 2014년 기준이므로 공고를 잘 살펴보는 것이 중요하다.

신청 대상 창업 준비 중이거나, 프로그램에서 제시하는 기간 내 개인사업자 또는 법인설립 등록을 한 창업자
선발 규모 예비 합격자 500개 팀 / 최종 합격자 200개 팀 3개월 후
지원 기간 예비 합격자 3개월 창업 숙성, 2014년 09월부터 11월 말까지 지원 / 최종 합격자 12개월 창업육성, 2014년 12월부터 2015년 11월 말까지 지원

'챌린지 100 프로젝트'의 경우, 어떤 업종으로 창업하느냐에 따라 공간을 달리하는 세심함도 돋보인다. 기술형, 도시형 창업일 경우 마포구에

위치한 강북창업센터에 공간을 두고, 지식형, 사회적 창업의 경우 송파구에 강남창업센터를 마련했다.

구분	3개월 숙성	12개월 숙성
해당 팀	500팀	200팀
공간 지원	최대 3좌석/3개월	기업별 단독실 지원/12개월
재정 지원	기업별 3000만 원	합격 후 7000만 원 추가 지원

'챌린지 100 프로젝트'의 3개월/12개월 과정에 따른 구분.

그 외에도 융자 알선 및 대출보증 지원, 창업 공간, 세미나실부터 시작해 관리비, 의자, 책상 캐비넷 등의 사무실 집기, 정보자료실에 이르기까지 작은 지원도 아끼지 않는다.

민간 기업 창업 지원대회

대기업이나 민간 기업이 우수 예비 창업자를 발굴하여 창업, 멘토링, 시제품 제작 및 지분 투자까지 연계 지원하는 창업 대회들이다. 가장 대표적으로는 SK텔레콤에서 개최하는 브라보 리스타트Bravo Restart와 현대 아산나눔재단에서 주최하는 '정주영 창업경진대회'가 있다. 그 외에도 매해 새로운 대회나 공모전들이 생겨나고 있으므로 종종 '창업경진대회'를 검색해보는 것이 좋다.

SK 텔레콤, 브라보 리스타트 3기 창업지원 공모

브라보 리스타트는 일상생활에 접근성이 높은 사업모델을 선호한다. 생활을 더 편리하게 할 수 있는 사업모델을 공모하여 상용화 및 창업정착 과정을 지원한다. 판로나 마케팅도 지원받을 수 있다는 것도 큰 장점이다.

신청 대상 창업 및 취업 경력이 있는 예비 창업가 / 설립 3년 이내 초기 창업가

지원 내용 초기 창업 지원금 2000만 원 / 10개월간 창업 인큐베이팅 지원 / 공간, 교육, 사내외 전문가 멘토링을 통한 비즈니스 모델 구체화 등 / 팀당 최대 1억 원의 기술 개발자금 / SKT와 사업 협력이 되면 BP Biz Partner 등록 및 별도 절차에 따라 동반 성장 혜택 가능

SK텔레콤의 브라보 리스타트 공모도 눈여겨볼 만하다.

정주영 창업경진대회

'정주영 창업경진대회'에서 주로 눈여겨보는 면은 참가자가 얼마나 도전 정신을 갖고 임했느냐. 여기에는 기업가 정신을 고취하고자 하는 이 대회의 목적이 담겨 있다. '정주영 창업경진대회'는 사업 아이템을 실제화할 수 있는 기회를 제공하여 창업 역량 향상을 도모하고, 청년창업에 대한 긍정적 인식을 사회 전반으로 확산하는 데 그 의의를 두는 대회다.

신청 대상 전국 대학(원)생 및 만 35세 이하의 일반인 예비 창업자
지원 내용 실제 창업가 및 투자자들과의 일대 일 멘토링 / 시드머니 투자를 통한 실전 창업 기회 / 정주영 창업경진대회 출신에 대한 재단 직접투자 검토
지원 규모 대상 2000만 원, 최우수상 1000만 원, 우수상 500만 원, 장려상 100만 원.

이 창업 지원 제도에 지원할 때 주의 깊게 준비해야 할 중요한 요소들이 몇 가지 있다. 바로 정확한 아이템 선별, 쉽고 핵심을 간추린 지원 서

'정주영 창업경진대회'는 대회의 명제에서 느껴지듯 기업가 정신 고취에 큰 가치를 두고 있다.

류, 그리고 인터뷰다. 그럴 듯한 말만 하는 것이 아니라, 실제로 할 수 있는 일임을 어필할 수 있는 본인의 작품이나 포트폴리오를 준비하는 것이다. 지원 서류에 많은 것을 보여주겠다고 이것저것 넣으면 오히려 정작 보여줘야 하는 것, 지원자가 할 수 있는 것들이 가려질 수 있다. 잘 정리된 기획서처럼 간략하고도 실행 가능성 있는 부분을 담는 것이 좋다. 마지막으로 사전에 연습과 준비를 거듭하여 심사위원에게 열정과 비전을 피력할 수 있게 인터뷰 준비를 해간다면, 충분히 승산 있는 위치를 차지할 수 있을 것이다.

아이디어는 소중하다 - 지적재산권과 특허제도

3D 프린팅 산업에서 매우 이슈가 되고 있는 부분이 지적재산권과 특허 문제다. 3D 프린팅을 흔히 파괴적인 창조 기술이라고 하는데 그 이유는 기존의 기술을 대체하기가 쉽고 현존하는 아이디어를 쉽게 복제할 수 있기 때문이다. 현재의 3D 프린팅 저작권 문제는 예전에 불법 다운로드 서비스인 냅스터Napster의 등장과 너무나도 흡사한 양상을 띠고 있다. 냅스터라는 사이트가 있었던 90년대, 음원은 돈 주고 사는 것이 아니었던 시절이 있었다.

현재 3D 프린팅 산업에서 벌어지는 양상이 이와 유사하다. 3D 데이터를 돈 주고 사는 일이 드물고 대부분의 사람들이 싱기버스Thingiverse나 기타 사이트에서 3D 데이터를 무료로 다운로드해 사용한다. 그러나 냅스터 같은 무료 사이트들이 주류를 이루다가 애플의 아이튠스 같은 정식 음원

디지털 미디어와 저작권 관련 이슈의 중심에 냅스터가 있었다.

사이트가 등장하고, 합법적으로 음원을 구입하게 되었듯 3D 저작물도 머지않아 합당한 가치로 거래되고 저작권이 보호되는 안정적인 생태계가 형성될 것이다. 그러한 생태계로 우리는 유튜브라는 선례에 주목할 필요가 있다. 유튜브는 콘텐츠가 무료로 공유되면서도 콘텐츠 생산자에게 적절한 이윤이 분배되는 플랫폼이기 때문이다. 유튜브는 동영상을 올리면 시스템이 자동으로 저작권 검증을 거쳐 광고를 걸지 못하게 하거나 저작권자에게 광고 수익이 돌아가도록 한다. 검증에 통과하더라도 저작권자가 직접 신고하면 그 수익은 저작권자가 돌려받을 수 있다. 미래의 지적 재산권 이슈는 확실히 유튜브 같은 모델이 답이 될 것이다.

지금 3D 프린터로 무엇인가를 창조하려는 사람이 저작권이나 특허에 대해 고민하는 것은 당연하다. 그러나 현 상황에서는 창조를 해도 그 혜택을 온전히 누리기는 힘들다. 좀 더 3D 프린팅을 연구하여 차후에 열릴 시장, 즉 유튜브 같은 시장을 기다리며 조심스럽게 준비할 것을 권한다. 시장을 예의 주시하다 보면 수익을 낼 수 있는 여러 기회를 잡을 수 있다. 예를 들어 해외의 유료 3D 모델링 판매 사이트인 셰이프웨이스Shapeways

에 제품을 판매할 수 있다. 또는 셰이프웨이스 내의 커뮤니티에서 3D 모델링을 의뢰받을 수도 있다. 영문으로 자신의 소개와 함께 포토폴리오를 올리면 일로 연결되기도 한다. 이는 실력 향상에도 도움이 될 것이다.

아이튠스와 유튜브의 성공에서 알 수 있듯 지금은 당장 저작권이나 특허 등이 크게 보호를 받지 못한다 하더라도 미래에는 보호를 받게 될 가능성이 높다. 미리 실용신안이나 특허 등의 지식재산권을 획득해 놓으면 차후에 사용할 수 있을 것이다. 지식재산권은 그 관련법에 따라 보호되고 있는데, 저작권의 경우 '저작권법'에 의해, 특허는 '특허법', 상표는 '상표법', 실용신안은 '실용신안법', 디자인은 '디자인 의장등록'에 따라 보호받게 된다. 위키피디아의 간단한 설명을 참조하자면 지식재산권은 아래와 같이 각각 정의된다.

- **저작권** 창작물을 만든 이가 자기에 대해 지니는 배타적인 법적 권리로, 많은 국가에서 인정되는 권리.
- **특허법** 특허권자의 독점 배타적인 특허발명을 보장하는 산업재산권의 대표적인 권리. 특허 출원을 하면 동일한 발명에 대한 출원의 권리화를 배제할 수 있다.
- **상표법** 상표를 보호하여 상표사용자에게 신용이 있음을 알리고, 수요자의 이익을 보호하는 법.
- **실용신안** 이미 사용하고 있는 물품을 개량해서 보다 편리하고 유용하게 쓸 수 있도록 한 물품에 대한 고안을 말한다. 일반적으로 실용신안은 특허에 비하여 제품의 라이프 사이클이 짧은 경우가 많다.

- **의장(디자인권)** 쉽게 말해 의장 디자인이란 자동차 디자인, 가구 디자인 등 디자인을 의미한다.

특허의 경우는 큰 발명이며 실용신안은 작은 발명이라고 이해하면 쉽다. 여기서 가장 큰 차이점은 실용신안은 구조적인 특징만이 등록 대상이 된다는 것이고, 특허는 방법, 물질, 음식물 등 가능한 모든 것이 대상이 된다는 것이다. 디자인 의장 등록은 말 그대로 제품의 외관을 보호받는 것이다. 특허권이나 디자인권 또는 실용신안은 개인이 직접 등록하여 받을 수 있으나 전문적인 변리사에게 의뢰하여 권리를 보장받는 것이 시간이나 비용 측면에서 효율적이다.

디자인 의장을 등록할 때의 주의점은 변리사에게 의뢰를 하건 본인이 직접 등록을 하건 자신의 아이디어가 이미 등록된 아이디어인지를 반드시 확인해야 한다. 그렇지 않으면 아까운 자금을 날릴 수 있기 때문이다. 그러므로 신중한 검토와 준비가 필요하다. 특허는 일종의 보험으로 미래에 생겨날 불상사에 대한 권리를 미리 준비하는 것이다. 특허를 얻었다고 바로 수익을 낼 수는 없지만 나의 작업을 보호해주는 강력한 제도임에는 확실하다.

처음으로 강하게 디자인 권리에 관해 알고 있어야 한다고 생각했던 것은 내가 만든 제품을 웹사이트에 올렸을 때다. 어느 업체로부터 이미 자신의 회사가 디자인 권리를 가지고 있으니 해당 제품은 판매할 수 없다고 연락해왔을 때 디자인 권리는 선택이 아니고 필수라는 생각을 하게 되었다. 해당 업체에서 법정 소송까지 언급하며 강력히 판매 중단을 요청

해온 탓에 나는 디자인을 바꿔서 출시할 수밖에 없었다.

디자인외관 디자인 권리를 보장받는 과정은 다음과 같다.

외관 디자인 권리 등록은 크게 세 단계로 분류된다.

- **선행 디자인 사전 조사** 디자인의 창작이 이미 등록된 것이 있는지 확인해야 한다. 누군가 이미 등록했다면 그와 다르게 만들어서 출원한다.
- **국내 출원** 국내 출원 전에 해외 전시회에서 공개하는 것이 유리하다. 출원 과정에 6개월에서 1년이라는 시간이 소요되기 때문이다.
- **해외 출원** 한국 출원일로부터 6개월 이내에 하면 문제없이 해외 출원이 가능하다.

내가 출원하는 디자인을 다른 디자이너가 이미 등록했다면 아래와 같은 거절 당소의견을 받게 된다. 이런 경우 변리사와 협의하여 디자인을 수정한 뒤 다시 의견서를 제출해야 한다. 다음 당소의견은 처음으로 디자인 등록을 신청했을 때 비슷한 디자인이 있다는 이유로 거절되었다는 내용이다. 의견서를 다시 제출할 때는 내용을 보강하고 좀 더 개념적인 부분을 강조해야 한다.

당소 의견

1. 도면들의 중요도에 따른 대배열과 각 도면에 대한 설명을 추가하는 보정을 통해 거절이유 1 극복 가능
2. 본원 디자인과 타인의 선등록 디자인이 아래와 같은 이유로 비유사함을 주장하는 의견서 제출 필요

〈의견서 내용〉
본원 디자인과 타인의 선등록 디자인은 아래와 같습니다.

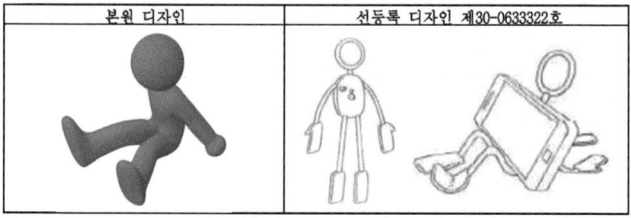

디자인권 등록 거절 당소 의견. 기존 디자인과 유사할 경우 등록이 거절될 수 있다.

2부

실전편,
나는 과연 3D 프린터를
사용할 수 있을까?

4단계

어떤 3D 프린터를
써야 할까?

　현재 3D 프린터 기술의 발전 속도는 매우 빠르다. 이미 산업현장에서는 고가의 3D 프린터가 널리 사용되고 있다. 문제는 개인용 3D프린터 시장이다. 2D 프린터처럼 소비자의 욕구를 만족시킬 수 있는 완벽한 프린터 제품은 전무하며, 3D 프린터 대중화를 위한 개발과 기술 연구는 여전히 현재 진행형이다. 예전에는 상상할 수 없을 정도로 표면이 매끈하며, 출력 속도가 빠르고 고장도 전에 비해 많이 개선되는 방향으로 발전하고 있다. 가격 또한 초기 시장에서 몇천만 원 하던 것에서, 현재는 몇백만 원대까지 계속 내려가는 추세여서 일반인도 개인용 프린터를 가지고 창업이 가능할 정도로 환경이 마련되었다.

　이제부터 소개할 3D 프린터들은 개인이 창업에 사용하기에 매우 우수한 것으로 선별했다. 시대의 흐름에 앞서 나가려면 직접 프린터를 구입하여 몸소 체험해보고 느끼면서 경험과 노하우를 쌓고, 새로운 것을 만들어내는 노력이 반드시 필요하다. 이 장에서는 상용화된 3D 프린터의 특징을 살펴보며 자신과 맞는 3D 프린터가 어떤 것일지 알아보고, 개인적으로 구비하지 않아도 3D 프린터를 사용할 수 있는 곳을 소개할 것이다.

중저가 프린터를 본격적으로 비교해보자

업플러스 2

- 업플러스 2Up Plus 2는 중국에서 만든 프린터이지만 정품 재료를 사용한다면, FDM 방식 프린터 중에서는 좋은 품질의 결과물을 얻을 수 있다.
- 중국 현지에서는 180만 원 정도이며 국내에서는 300만 원 가량으로 판매되고 있다2014년 기준.
- 가격 대비 품질이 매우 뛰어나며 고장이 없는 것이 특징이다. 경우

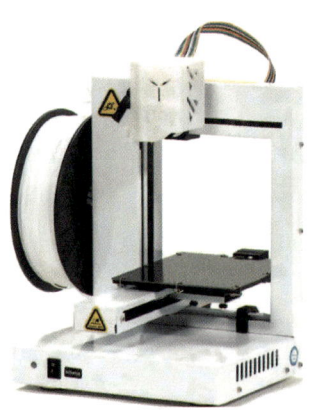

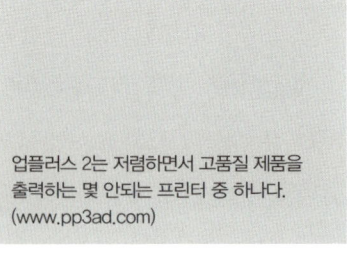

업플러스 2는 저렴하면서 고품질 제품을 출력하는 몇 안되는 프린터 중 하나다.
(www.pp3ad.com)

에 따라, 억대를 호가하는 프린터와 비교해도 전혀 손색이 없는 결과물을 내기도 한다.
- 수입 제품이기 때문에 A/S 받기가 어렵다는 단점이 있다. 단, 구입할 때 200달러를 추가하면 1년 동안 A/S 가능한 워런티를 제공한다.

국가	중국
제조사	PP3DP
모델명	UP Plus 2
프린팅 기술	FFF
출력물 최대 크기	140×140×135
가격	1,649 달러
홈페이지	http://www.pp3dp.com/

얼티메이커 2
- 아름다운 디자인 외관이 매력적이다.
- FDM 방식 중에서는 좋은 결과물을 내는 프린터 중 하나다.
- 업플러스 2와 마찬가지로, 수입 제품이기 때문에 A/S 받기가 어렵다.

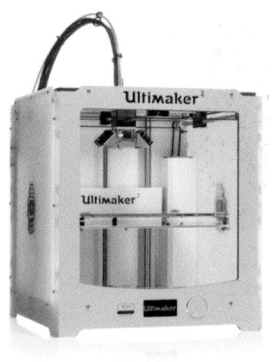

얼티메이커 2는 FDM 방식 프린터로, 유려한 외관과 성능으로 유명하다. (www.ultimaker.com).

- 소음이 적다.
- 2,799달러2014년 기준라는 가격에 구입 가능하다.

국가	네덜란드
제조사	Ultimaker
모델명	Ultimaker2
프린팅 기술	FFF
출력물 최대 크기	255×205×235mm
가격	2,578 달러
홈페이지	https://www.ultimaker.com

아몬드

- 가격 대비 동급인 스트라타시스와 비교해도 크게 뒤지지 않을 만큼 결과물의 품질이 괜찮다.
- 오토 레벨링 기능이 있다.

아몬드(ALMOND)는 국내 회사의 제품으로 구입이나 서비스 등이 쉽다(opencreators.com).

- A/S를 쉽게 받을 수 있다는 점은 큰 장점이다.
- 에펠탑처럼 키가 큰 오브젝트를 출력하기에는 불리하다.

국가	대한민국
제조사	(주)오픈크리에이터스
모델명	ALMOND
프린팅 기술	FFF
출력물 최대 크기	150×150×140mm
가격	2,080,000원
홈페이지	http://opencreators.com/

파인봇

- FFFFused Filament Fabrication 방식의 프린터. FDM 방식과 동일한 방식의 프린터이며, 다만 FDM은 스트라타시스에서, FFF는 렙랩에서 부르는 용어라는 차이가 있다.
- 합리적인 가격에, 해외 데스크탑형 프린터와 비교해도 출력물의 품질이 뒤지지 않는다.
- PLA 소재만 지원한다.

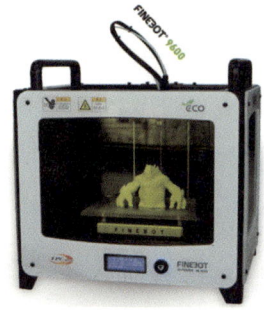

㈜TPC애니웍스의 파인봇(FineBot) FB-9600 (www.tpc3d.kr).

- 전국적인 네트워크가 형성되어 있어 기술 지원 및 사후 관리가 용이하다.
- 대량생산 라인을 구축하여 제품 품질이 균일하다.
- 265만 원2014년 기준 가격에 구입 가능하다.

국가	대한민국
제조사	㈜TPC메카트로닉스
모델명	파인봇 FB-9600
프린팅 기술	FFF
출력물 최대 크기	265×200×180mm
가격	2,915,000원
홈페이지	www.tpc3d.com

코봇 A200

- 코봇Korbot은 다른 제품에 비해 정밀한 레이어 조절0.02~0.35기능으로 매우 부드러운 표면으로 출력 가능하다.

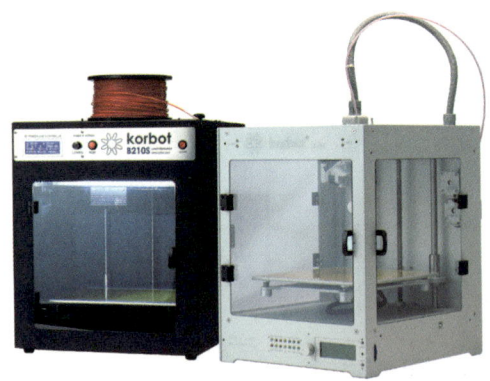

코봇 A200

- 사이즈가 타사 제품보다 커서 대형 디자인에 적합하다 출력크기 200×200×205.
- 담당 센터에서 유통, 유지보수를 원활히 제공하고 있다.

국가	대한민국
제조사	(주)Korbot
모델명	코봇 Korbot A200
프린팅 기술	FDM
출력물 최대 크기	200×200×205mm
가격	1,800,000원
홈페이지	http://www.korbot.com

폼원 플러스

- SLA 방식 프린터다. 대개 SLA 방식이 FDM보다 출력 품질이 좋으며 액세서리처럼 작고 정교한 물체를 만들기에 좋다.

디테일이 중요한 프린팅에 적합한 폼원 플러스(Form1)(www.formlabs.com).

- 가격은 3,200달러2014년 기준로 저렴하고 사용이 편리하다.
- 성능은 억대 프린터의 80~90퍼센트를 따라잡을 정도로 좋은 편이다.
- 색상 표현에 한계가 있다. 반투명, 흰색, 회색만 지원된다.
- 액체 원료를 사용하기 때문에 액체를 담고 있는 탱크를 주기적으로 교환해야 한다. 이 작업에 한 달에 50달러 정도가 든다는 단점이 있다. 헤비 유저가 아니라면 감당하기 어려운 비용이다.
- 폼랩Formlab사의 재료를 사용할 때는 냄새가 나지 않는데 국산 액체 재료, 즉 정품 재료가 아니면 냄새가 아주 심하게 난다.
- 수입 제품이므로, A/S 받기가 어렵다는 단점이 있다.

국가	미국
제조사	Formlabs
모델명	Form1+
프린팅 기술	SLA
출력물 최대 크기	125×125×165mm
가격	3,299달러
홈페이지	http://formlabs.com

　　FDM 방식은 기기와 재료 값이 저렴하고 색상이 다양하지만 반지처럼 아주 작은 사이즈의 물체를 출력할 때 결과물의 품질이 좋지 않다는 단점이 있다. 반대로 SLA 방식은 기기 및 재료에 드는 비용이 비싸고 색상 표현에도 한계가 있지만 작고 정교한 물체를 출력하기에 적합하다. 그러나 이 두 방식의 프린터 모두 점점 진화하고 있기 때문에 SLA보다 더 결과물의 품질이 좋은 FDM 프린터가 나올 수 있고 SLA 방식 역시 더 저렴한 재료로 점차 다양한 색상을 지원하는 프린터가 출시될 수 있다. 만약

빠른 시일 내에 프린터를 구매하기를 원한다면 위의 사항들을 잘 점검하여 출력하고자 하는 물건에 맞는 프린터를 고를 수 있도록 하자.

프린트를 구입할 때 주의할 점

3D 프린터는 덥석 구매하기에는 가격이 있는 편이고, 한 번 사면 어느 정도까지는 지속적으로 사용할 것을 염두에 두고 구입하게 된다. 첫 구매에 실패하지 않으려면, 몇 가지 체크해야 할 점들이 있다.

첫째, 3D 프린팅 인쇄 시간, 품질 및 크기를 고려해야 한다. 기계마다 인쇄하는 데 걸리는 시간이 다르다. 3D 프린터의 가격은 대개 출력물 표면의 매끄러움 정도와 인쇄 속도에서 결정된다. 둘째, A/S가 괜찮은지 반드시 확인한다. 해외 제품의 경우 해외에 직접 보내야 하는지 아니면 한국에 서비스 센터가 있는지 살펴야 한다. 셋째, 듀얼 노즐을 갖추고 있는지 확인한다. 듀얼 노즐, 다시 말해 듀얼 프린터란 필라멘트 재료를 뿜어내는 노즐이 두 개인 프린트를 말한다. 각각 다른 재료를 사용할 수 있다는 뜻이다. 주로 노즐 하나는 물에 녹지 않는 재료로 물체를 만들고 다른 하나는 물에 녹는 재료를 넣어 서포터로 프린트 하는 식으로 사용한다. 나중에 서포터만 물에 녹여내어 간편하고 깔끔하게 서포터를 제거할 수 있다. 현재 서포터를 물에 녹일 수 있는 재료들이 활발하게 나오고 있는 상태여서 듀얼 프린터가 매우 매력적인 프린터로 떠오르고 있다. 서포터에 대한 설명은 10단계 '창업 전에 실제로 출력하라'를 참고하기 바란다.

넷째, 가급적 오토 레벨링 기능이 있는 프린터를 구입한다. 오토 레벨링은 출력판, 즉 출력판의 수평을 자동으로 맞추는 기능을 말한다. 수평을 수동으로 맞추기는 상당히 어렵기 때문에 해당 기능이 있으면, 프린팅에 드는 수고를 덜 수 있다. 다섯째, 3D 시스템스 제품의 대부분은 다른 회사의 재료를 따로 사서 쓸 수 없는 구조로 하드웨어가 구성되어 있다. 재료를 다양하게 사용할 수 있는지 확인하는 것도 중요하다. 유지비 항목과 직결되는 부분이기 때문이다. 재료의 가격은 적당한지도 확인한다. 여섯째, ABS 필라멘트를 많이 출력할 경우 출력판의 열이 손실되지 않도록 사방이 막힌 제품으로 구매하는 것이 유리하다. 열 손실 방지를 위해 나중에 비닐 봉투를 씌우거나 이불을 덮어놓아도 된다.

만일 프린터를 살 여유가 없다면 정부에서 운영하는 '무한 상상실'이나 지방자치단체에서 운영하는 교육에 지원해서 3D 프린터를 경험하는 것도 좋은 방법이다. 유료 교육기관인 오픈크리에이터스 용산점에서는 유료로 3D 프린터를 사용할 수 있다. 두 곳 모두 3D 프린터 교육을 겸하고 있어, 3D 프린터 사용법을 익히면서 창업을 준비하려는 사람에게 훌륭한 인큐베이터가 될 수 있다. 다음으로 초보자가 이용할 수 있는 교육기관을 간단히 소개한다.

제대로 된 3D 프린터 사용법을 배우고 싶다면?

창업을 생각하는 사람들이 처음으로 무언가를 시작하기 위해서는 우선 교육을 받아야 한다. 하지만 어디서 교육을 받을 수 있을지 막막할 것이다. 3D 프린팅 분야가 이제 막 시작하는 단계이다 보니 전문가들이 흔치 않다. 대학과 정부 또한 이제부터 지원을 시작하는 셈이므로 한 군데에 특화된 교육기관이나 커리큘럼의 특성을 말하기가 쉽지 않다. 하지만 최근 정부에서 다양한 방법으로 일반인이 3D 프린팅을 무료로 접할 수 있는 공간과 교육 과정을 제공하는 추세이며, 사설 교육기관도 눈에 띈다.

무료 정부 교육센터 무한 상상실

정부에서 지원하는 다양한 프로그램을 무료로 경험할 수 있다. 무한 상상실의 협력 부처는 미래창조과학부, 교육부, 문화체육관광부, 산업지원부, 특허청, 우정사업본부로, 믿고 서비스를 받을 수 있다. 무한 상상실에는 3D 프린팅 교육부터 아두이노까지 다양한 실험 및 공방형 교육이 진행되고 있다. 3D 프린터와 CNC 기계도 무료로 사용할 수 있다. 자세한 정보는 http://www.ideaall.net에서 확인 가능하다.

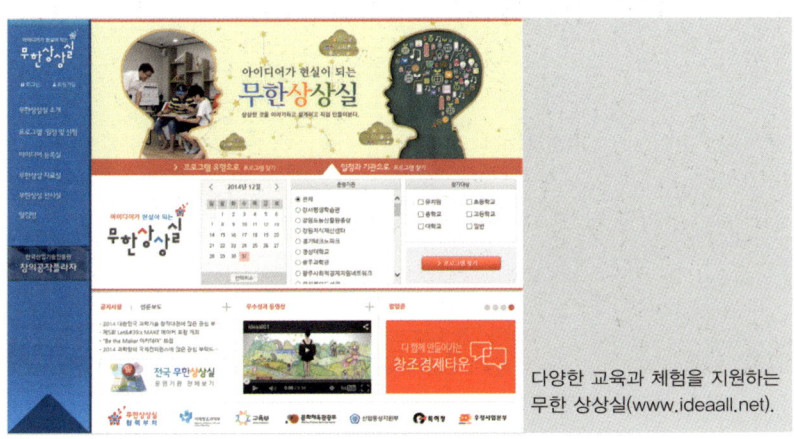

다양한 교육과 체험을 지원하는 무한 상상실(www.ideaall.net).

메이커스 시스템

'메이커스 시스템http://www.makerssystem.com'은 유료 교육기관으로, 메이커들의 아이디어나 상상을 현실화하기 위한 모든 도구와 노하우를 제공한다. 3D 모델링, 3D 프린팅, 후가공 교육을 한 달 안에 논스톱으로 배울 수 있고 교육생에게는 지속적으로 프린팅 서비스를 제공한다. 교육생이 만든 제품들은 메이커스 시스템 웹사이트에서 홍보되며 판매도 할 수 있다. 메이커스 시스템은 궁극적으로 메이커들의 생태계를 형성하기 위해 만들어졌다. 메이커들이 자신의 창의성과 노력으로 새로운 가치를 창출하고 그에 대한 보상을 온전히 가져갈 수 있는 건강한 생태계를 지향한다.

탄탄한 커리큘럼을 제공하는 오픈크리에이터

3D 프린터 아몬드의 제조사로 용산에 매장을 가지고 있다. 매장 내에

오픈크리에이터스는 3D 프린터 창업을 시작하기에 적합한 환경을 갖추고 있다.

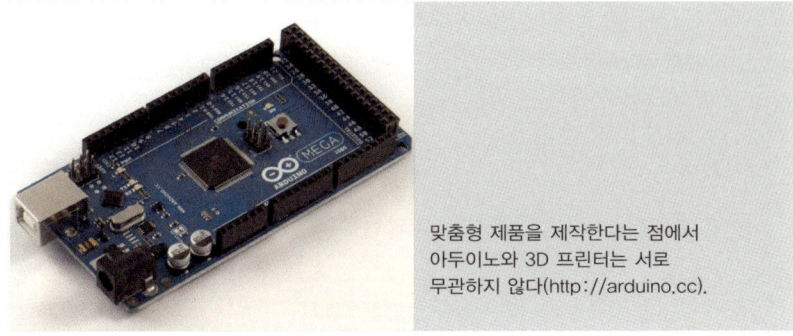

맞춤형 제품을 제작한다는 점에서 아두이노와 3D 프린터는 서로 무관하지 않다(http://arduino.cc).

서 유료 강의를 진행하고 있으며 3D 프린터를 유료로 사용할 수 있다. 3D 프린터, CNC, 아두이노 교육 등이 이뤄지고 있다.

3D 허브

메카피아에서 직접 운영하는 3D 허브3D Hubs는 라이브러리, 모델링, 디자인, 기술교육 서비스를 제공한다. 3D 허브 홈페이지에서 3D 프린팅 가

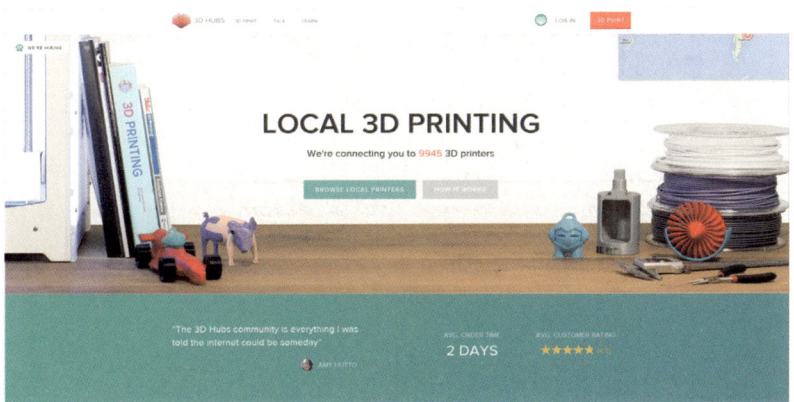

원격 프린팅 및 배송이 가능한 3D 허브(www.3dhubs.com).

능한 곳을 검색할 수 있으며, 모델링 파일을 업로드하면 원격으로도 출력이 가능하다. 출력물은 직접 방문해 수령하거나 우편으로 확인할 수 있다.

메카피아

메카피아Mechapia는 3D 프린팅과 관련된 다양한 교육과 3D 콘텐츠, 다양한 정보를 제공하는 토털 솔루션 서비스 회사다.

교육 커리큘럼 및 다양한 정보를 제공하는 메카피아(www.mechapia.com).

3D 프린터는 점차 사용하고자 하는 마음만 먹으면 언제 어디서든 활용이 가능한 환경이 구축되고 있다. 장비를 마련하고 사업에 필요한 부분을 마련하기에 앞서 이런 네트워크를 잘 활용하여 창업에 필요한 소양과 예산을 잘 계획하기를 바란다.

5단계

3D 모델링, 쉽게 시작하는 방법이 있을까?

　3D 프린팅 사업을 고려할 때 가장 고민이 되는 부분은 3D 프린터 구입이나 장비 사용법이 아니다. 바로 제품 디자인이다. 디자인을 하려면 3D 모델링을 필수로 알아야 하는데, 초보자가 어느 정도 3D 모델링에 대한 감을 잡기까지는 적어도 3개월이라는 시간이 걸린다. 자기만의 사업을 시작하려면 3D 모델링을 반드시 습득해야 하지만, 그 전에 3D 프린터를 하루빨리 사용하고 싶어 하는 이에게 도움이 될 만한 정보를 소개하려 한다. 바로 무료 3D 모델링 데이터 사이트다.

　인터넷에는 특히 해외의 경우 메이커봇의 싱기버스Thingiverse를 중심으로 무료로 3D 데이터를 받을 수 있는 사이트가 많다. 이러한 사이트의 목적은 바로 독립적인 3D 프린터 생태계를 만드는 것이다. 사이트 내에 대량의 3D 데이터를 공유하는 시스템을 만들어 보다 많은 사람들이 3D 프린터에 관심을 갖고 자사의 3D 프린터를 쉽게 사용하도록 이끈다. 이 서비스들을 이용하면 직접 모델링하지 않고도 자신이 원하는 것을 아주 손쉽게 출력할 수 있다. 물론 운이 좋으면 평소에 갖고 싶었던 피규어나 스타워즈 장난감 등도 마음껏 다운로드하여 출력할 수 있다. 게다가 검증된 데이터들만 공유하기 때문에 아주 쉽게 제대로 된 결과물이 출력된다. 그래서 업로드된 도안을 이용했을 때 3D 프린터를 처음 접한 사람들은 3D 프린팅이 매우 쉽다고 느낀다.

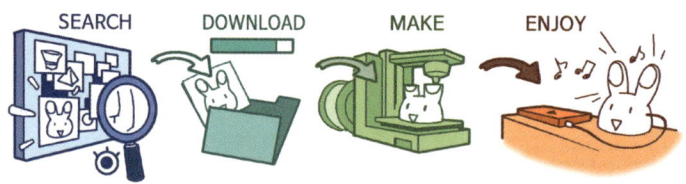

무료 3D 모델링 사이트에서는 검색, 다운로드, 출력의 과정이 쉽게 이루어진다.

3D 모델링 데이터를 이용한 쉬운 3D 프린팅

대표적인 3D 모델링 데이터 사이트는 싱기버스다 http://www.thingiverse.com. 3D 프린터 제조사인 메이커봇은 프린터를 판매하는 데 그치지 않고 방대한 양의 3D 데이터를 공유할 수 있는 싱기버스라는 사이트를 운영하고 있다. 싱기버스는 3D 프린터계의 유튜브 정도로 이해할 수 있다. 메이커봇사의 창업자인 브리 페티스 bre Pettis는 마케터 출신으로, 현재 3D

프린터 산업에서 가장 중요한 부분인 콘텐츠의 공급에 대해 정확하게 이해했다. 그래서 자사의 제품을 구입한 사람뿐만 아니라 일반인들도 쉽게 자신의 디자인을 올리고 다운로드할 수 있는 생태계를 만들었다. 싱기버스는 기본적으로 무료 사이트이지만 판매와 공유도 가능하다.

먼저 싱기버스에 방문하여 내가 원하는 출력물을 검색해본다. 예를 들어, 다음과 같이 싱기버스 메인 화면에서 제품 사진을 클릭하면 다운로드할 수 있는 링크로 연결된다. 화면 왼쪽에 나타나는 메뉴에서, 맨 아래에 있는 다운로드 버튼을 누르면 바로 다운로드할 수 있다.

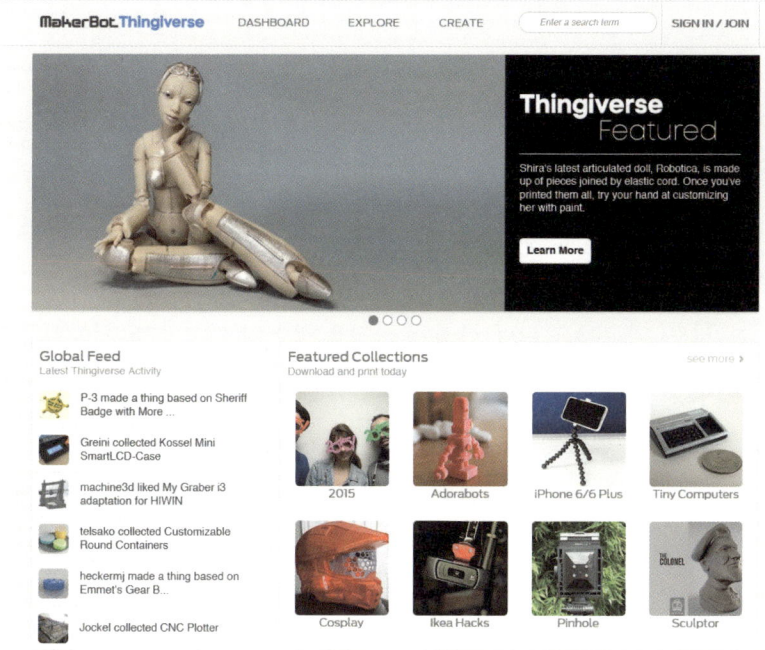

싱기버스에서는 데이터의 다운로드 및 출력 과정이 간단하다.

다운로드 받은 파일은 STL 파일 형식이다. 이것을 3D 프린터가 이해할 수 있는 G코드G code로 변형해야 한다. 큐라Cura, 메이크웨어makerware 등 각 3D 프린터에 맞는 G코드 형성 프로그램을 이용하여 변형하여 프린트에서 출력한다. G코드 변형 방법은 출력할 때 도움이 되는 팁205쪽을 참고하라.

3D 프린팅 마켓 – 셰이프웨이스

셰이프웨이스는 세계 최대의 3D 프린팅 플랫폼이다. 여기서 소비자는 자신의 3D 데이터를 금속, 플라스틱, 세라믹 등 원하는 재질로 특정 컬러까지 선택하여 출력할 수 있다. 사진에 비유하자면 현상소, 즉 출력소의 역할을 한다. 여기에 자신의 제품을 판매할 수 있는 플랫폼을 만든 것이다. 한편 디자이너는 자신의 디자인을 일반 소비자들에게 판매할 수 있으며 구매가 발생하면 디자이너와 셰이프웨이스가 수익을 나누게 된다. 이러한 시스템은 3D 프린팅 산업에 활력을 불어넣는다. 소비자는 기존에 볼 수 없었던 기발한 아이디어 상품을 가질 수 있고 디자이너는 소비자들에게 자신의 실력을 검증받을 기회를 가질 수 있다.

셰이프웨이스를 사용하려면 먼저 가입해야 한다. 셰이프웨이스http://www.shapeways.com로 이동하여, 새로 계정으로 등록하거나 페이스북이나 구글 계정으로 가입하고 로그인한다. 그런 다음 모델링 파일을 찾고, 다운로드하여 출력하면 되는데, 셰이프웨이스의 구조와 사용법은 다음과 같다.

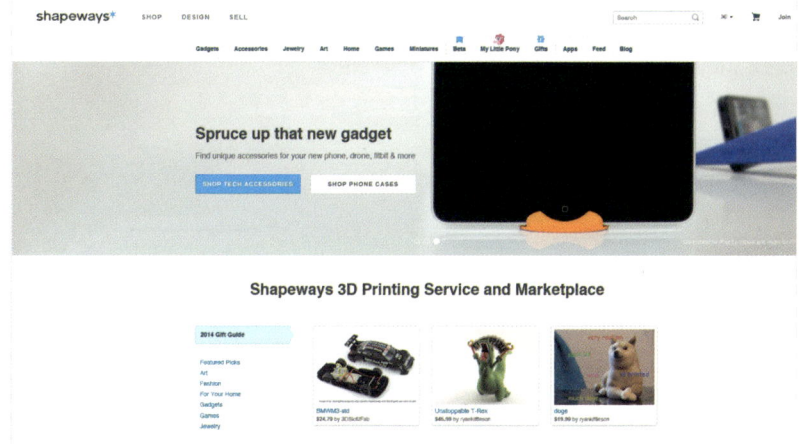

셰이프웨이스에서는 다운로드 말고도 업로드, 포럼 등도 활용 가능하다.

셰이프웨이스의 시스템은 모델링, 업로드, 프린팅, 배송이라는 단계로 나뉠 수 있다.

5단계. 3D 모델링, 쉽게 시작하는 방법이 있을까?

1

상단 메인 메뉴에서 샵(Shop)을 선택한다. 이 메뉴는 일반 고객이 구매가 가능한 공간이다.

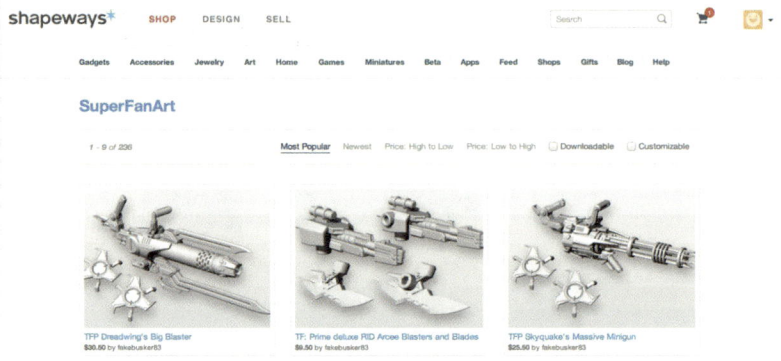

2

화면을 아래로 스크롤하면 다양한 카테고리의 제품을 선택하여 구매할 수 있다. 다음 그림은 자동차 섹션을 보여주며, 그 아래로 비행기 섹션 등이 있다. 이어서 다양한 카테고리

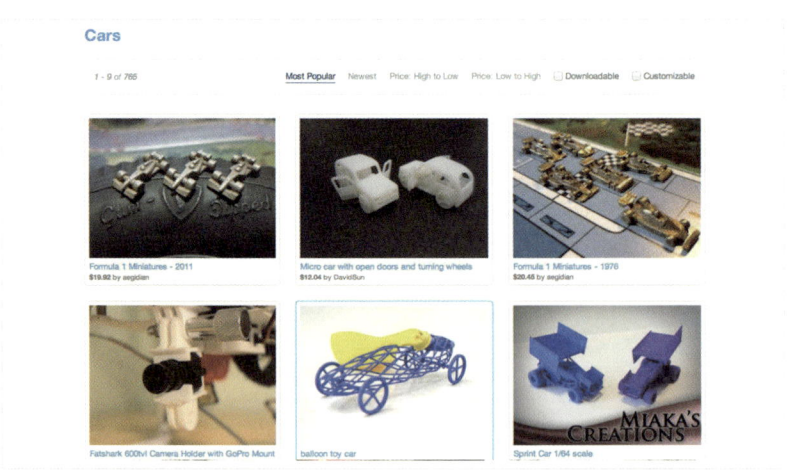

가 존재하므로 선택의 폭이 매우 넓다. 비행기 아래에는 보석 섹션이 있다. 플라스틱부터 다양한 금속 세라믹까지 출력이 가능하며 각각 출력 재료에 따라 가격이 달라진다. 셰이프웨이스는 고가의 3D 프린터를 사용하기 때문에 출력물의 품질도 어느 정도 담보되는 면이 있다.

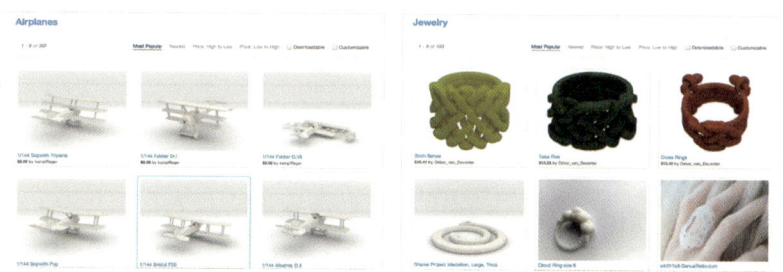

3

셰이프웨이스는 업로드도 가능하다. 상단 메인 메뉴에서 디자인을 선택하면 내가 업로드한 제품들이 보인다. 현재 나는 출력하기 위해 한 개 아이템을 올려놓았다. 상단 메인 메뉴 아래에 업로드를 선택하여 내 파일을 올릴 수 있다. 업로드한 파일은 다른 사람에게 판매할 수 있으며, 구매자가 출력할 수도 있다.

업로드를 하면 하루 이내에 출력물이 출력 가능한지 확인하는 리뷰 메일이 나에게 전달된다. 만일 업로드한 파일의 상태가 정상적이지 못하면 그 이유를 메일로 통보해준다. 대개 파일에 구멍이 있거나 속을 비우지 않으면 셰이프웨이스에서 문제 제기를 하기 때문에 보내기 전에 면밀하게 준비해야 한다. 모델링 파일의 점검 사항에 대해서는 6단계 '모델링하기 전에 반드시 확인해둘 것'에서 자세히 설명한다.

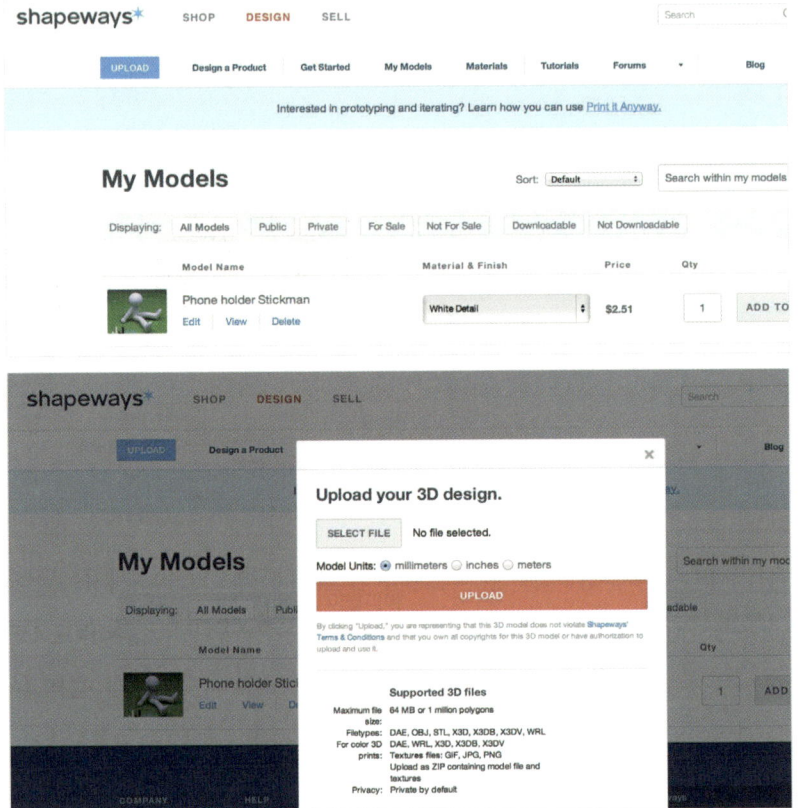

이렇게 업로드한 파일은 메인 메뉴 상단의 팔기Sell → 나의 상점My Models에서 확인할 수 있다. 나의 판매 내역, 내가 출력한 내역 등이 소개된다. 이 외에도 셰이프웨이스의 또 다른 큰 장점이 있는데 바로 포럼이다. 여기서는 다양한 사람들과 소통이 가능하다. 예를 들어 내가 3D 모델링이 필요할 때 글을 올리면 디자이너들이 일할 수 있다는 의견을 댓글을 달며 커뮤니케이션한다. 반대로 내가 모델링이 가능하다고 글을 올리면 다양한 사람들에게서 의뢰가 오기도 한다. 자기의 소개 등을 영문으로 준비하면 괜찮은 일과 연결될 수 있으며 서로 거래할 때는 페이팔paypal을 이용한다.

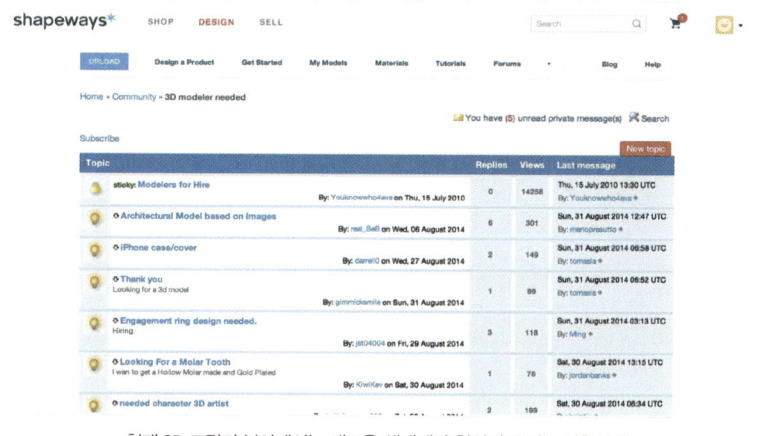

현재 3D 프린터 분야에서는 새로운 생태계가 형성되고 있는 상황이다.

3D 프린팅 데이터를 사고파는 유용한 사이트

3D 모델링 소프트웨어를 직접 배우기가 어렵다면 인터넷의 방대한 3D 데이터를 사용하면 된다. 앞서 말했듯 인터넷에는 자신이 원하는 자료를 찾아서 사용할 수 있는 사이트가 많다. 현재 한국에는 이러한 시스템이나 플랫폼이 아직 형성되어 있지 않은 상황이지만 해외의 경우는 이미 규모

있는 3D 프린팅 생태계가 생성되어 있다.

이렇게 다양한 방식으로 3D 데이터를 공유하는 사이트들은 3D 모델링을 잘 모르는 일반인 또한 3D 프린터를 쉽게 사용할 수 있는 구조로 되어 있다. 3D 프린팅을 잘 모르는 사람들도 쉽게 출력해볼 수 있는 3D 데이터를 무료로 제공한다. 유료 사이트로는 셰이프웨이스, 포노코ponoko, 스컬프테오sculpteo가 유명하다. 각 사이트는 디자이너들이 자신의 디자인을 바로 판매할 수 있는 서비스를 제공하고 있다.

3D 시스템스의 '큐비파이'

큐비파이Cubify는 3D 시스템스에서 제공하는 3D 모델링 공유 사이트다. 싱기버스와 매우 비슷한 사이트이며, 유익한 정보와 모델 등을 무료로 다운로드하거나 업로드할 수 있다.

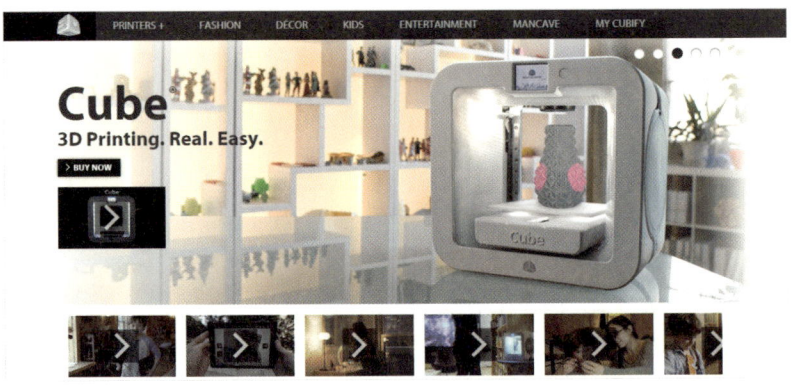

3D 시스템스에서도 큐비파이라는 사이트를 통해 3D 모델링 파일을 공유한다(www.cubify.com).

메이크진

메이크진Makezine은 웹사이트와 매거진을 합친 개념으로 자기 손으로 무엇인가 만들기 위한 사람들에게 정보를 제공해주는 사이트다. 3D 프린팅 파트가 따로 마련되어 있으며 기발한 아이디어가 집약되어 있으므로 참고할 만하다.

어른들의 DIY를 표방하는 메이크진(http://www.makezine.com).

성장하는 인터넷 플랫폼 '포노코'

포노코ponoko는 각종 레이저 커팅 또는 3D 프린팅을 이용하여 디자인 제품이나 생활용품, 액세서리 등을 제작, 판매하거나 구입할 수 있는 인터넷 플랫폼이다. 포노코에서는 3D 프린팅 용품만이 아니라 다양한 제품을 경험할 수 있다.

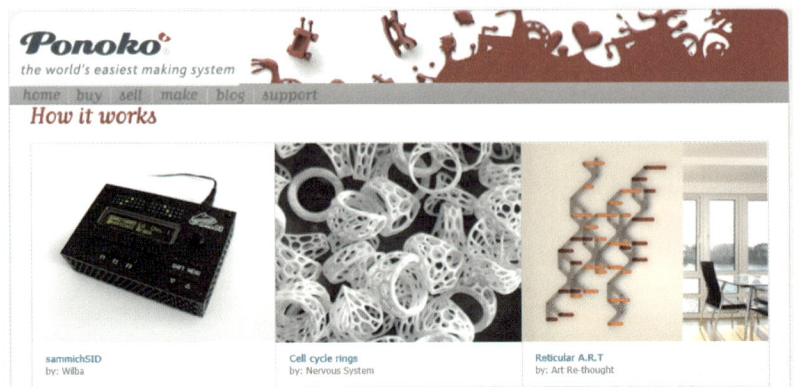

포노코에서는 3D 프린팅 제품 외의 다양한 제품을 경험할 수 있다(http://www.ponoko.com).

프린트 대행이 가능한 '스컬프테오'

스컬프테오 역시 셰이프웨이스처럼 3D 프린팅을 대행한다. 사용자는 자신의 아이디어를 판매하거나 구입할 수가 있으며 거기에 따른 수수료를 지불한다.

아이디어를 사고파는 스컬프테오(http://www.sculpteo.com).

마이 이지 3D

마이 이지 3D My Easy 3D 역시 셰이프웨이스와 비슷한 서비스를 제공한다. 마이 이지 3D는 스테이플스 Staples가 경영하고 있는 회사로 최근에 론칭했으며, 아일랜드 엠코어 테크놀로지 MCor Technology라는 3D 프린팅 회사와 팀을 이뤄 일을 하고 있다. 디자인 제안이 많고 활발하며 플라스틱보다는 종이 등의 친환경 물질로 프린팅 하는 것이 특징이다.

또 다른 생태계를 제공하는 마이이지 3D(staples.myeasy3d.com).

모델링 하지 않는 사람을 위한 '쿠보요'

쿠보요 cuboyo는 3D 프린터를 이미 가지고 있는 사용자들 중 자신이 직접 모델링 하지 않는 사람들을 대상으로 사업을 집중하고 있다. 즉 3D 데이터를 사고팔 수 있지만 출력을 대행해주지는 않는다. 아이템 가격은 1달러부터 시작하며 1달러 숍을 운영하고 있다. 프린팅 시간과 프린팅 가

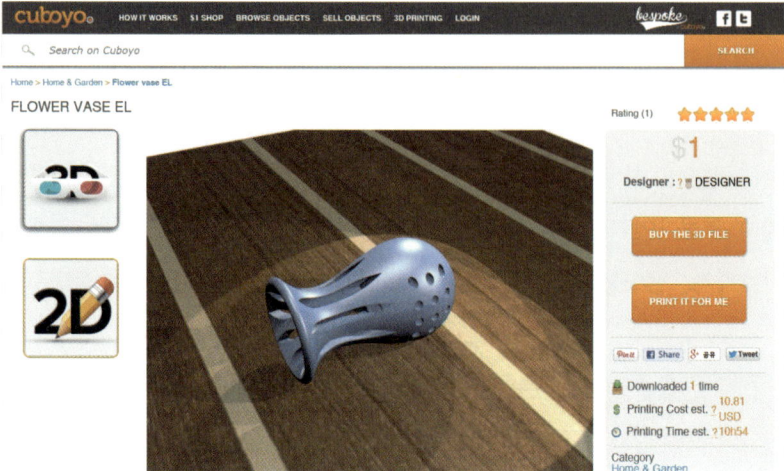

아이디어를 사고파는 것에 중점을 둔 쿠보요(http://www.cuboyo.com).

격을 산정하여 알려주는 서비스도 제공한다.

3D 스캐너, 얼마나 활용할 수 있을까?

3D 모델링은 쉽지 않은 작업이고, 모델링을 처음 접하는 사람에게는 그 진입장벽이 더 높게 느껴진다. 그런 이들에게 3D 스캐너는 거의 완벽한 대안처럼 생각될 것이다. 현재 3D 스캐너의 상용화나 활용 가능성에 대해서는 다양한 의견이 있다. 향후의 발전 가능성을 고려할 때 3D 스캐너 분야도 함께 성장할 것임은 분명한 일이다. 여기서는 3D 스캐너의 간단한 기본 개념과 함께 실제로 사용할 수 있는 요소를 소개하고자 한다.

센스(SENSE)는 3D 시스템즈에서 내놓은 저가형 3D 스캐너다(http://www.cubify.com).

모든 모델링 작업은 넙스와 폴리곤에서 시작된다

3D 모델링을 연구하다 보면 넙스나 폴리곤이라는 단어를 자주 접하게 된다. 넙스NURBS, Non-uniform rational B-spline는 일정한 점들을 연결한 직선에서 3D 곡선을 구하는 방식이고, 폴리곤Polygon은 입체의 표면을 만드는 다면체의 입체 형태를 말한다. 넙스에 비해서 약간 불안정한 구조이기는 하나 사용 방법이 쉬워 많은 모델러들이 선호하는 방식이다. 포토샵과 일러스트레이터에 비유하자면 넙스는 벡터 방식이고 폴리곤은 픽셀 방식인 셈이다.

벡터와 픽셀은 특성은 다음과 같다. 벡터는 매우 부드럽고 아름다운 라인을 만들 수 있는데다 아무리 늘려도 기본 모양이 깨지지 않는다. 그러나 픽셀은 점들의 집합체이기 때문에 늘리면 확장된 만큼 픽셀이 그 공간을 채우지 못하기 때문에 이미지가 깨지게 된다. 물론 폴리곤도 매끈하게 만들 수 있다. 그러나 폴리곤의 수가 많이 필요하기 때문에 넙스로 부드러운 제품을 만드는 것이 유리하다.

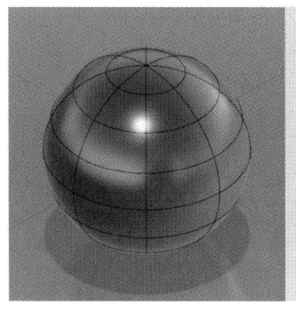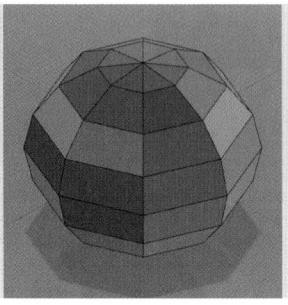

넙스 구조(왼쪽)와 폴리곤 구조(오른쪽).

말하자면, 3D 스캐너는 사람이나 특정 물체의 표면 좌표값을 추출하여 넙스 또는 폴리곤 패치 형식으로 데이터를 얻는 방식이다. 흔히 물체를 스캔한다고 하면, 3D 스캐너를 이용하여 레이저나 백색광을 대상물에 투사하여 대상물의 형상 정보를 취득하고 이를 디지털 정보로 전환하는 모든 과정을 통칭한다.

3D 스캐너와 3D 프린팅은 찰떡궁합이다

3D 스캐너와 3D 프린팅은 찰떡궁합이다. 이보다 더 좋을 수는 없다. 스캐너는 마치 사진처럼 3D 형체를 표현하며 3D 프린팅까지 거치면 이 3D 파일은 생생한 형태감을 갖추게 된다. 3D 스캐너가 쓰일 만한 가장 일반적인 사례는 바로 캐릭터 상품이다. 실제 사람을 스캔해서 의미 있는 캐릭터 상품을 만드는 것이다. 오토데스크에서 나온 123D 캐치라는 소프트웨어를 사용하여 직접 찍은 사진들을 3D 데이터로 변환하거나 3D

시스템스의 센스SENSE라는 스캐너를 이용하여 사람을 그대로 스캔하는 식이다. 실제 사람을 스캔하는 방식으로 피규어 제작이 가능하다.

그 외에도 3D 스캐너의 놀라운 기능을 활용한 영역은 3D 프린터의 가능성만큼 다양해질 것이고, 발 빠른 사람들은 이미 이를 이용한 사업을 준비하고 있다. 결론적으로 얘기하면 모든 것이 가능하다는 말이다. 현재 3D 프린터의 개발과 발전 과정처럼 3D 스캐너 역시 기술의 한계를 조금씩 개선해나가며 발전 중이다. 3D 스캐너가 모델링 작업을 대신해줄 만능도구는 아니지만, 자신이 활용할 수 있는 범위를 충분히 파악하고 사용한다면, 모델링 작업의 진입장벽을 한 단계 낮춰줄 것이다.

스캔만 하면 바로 3D 프린터로 출력할 수 있을까?

'3D 스캐너'라는 단어만 들으면 스캔만 하면 출력 준비가 모두 완료될 것처럼 느껴진다. 이 역시 3D 프린터 만능설에 대한 오해만큼이나 큰 착각이다. 3D 스캔 과정 중에도 문제는 발생한다. 출력하려는 물체에 구멍이 있거나 표면이 고르지 않다면 물체를 스캔하는 데 어려움이 생긴다. 사람을 스캔할 경우 머리카락을 제대로 인식하지 못하는 등 3D 스캔 중 나타나는 문제는 제각각이다. 고가의 스캐너를 사용해도 마찬가지이므로 반드시 스캐너에 대한 정확한 이해가 필요하다.

3D 스캐너가 모델링 작업의 완벽한 대안이 될 수 없는 이유는, 이런 문제들을 결국 3D 모델링 소프트웨어를 통해 해결해야 하기 때문이다. 한

예로 Z브러시Zbrush라는 소프트웨어는 스캔한 데이터를 복원하는 데 매우 유용하여, 모델링 파일을 다듬는 데 종종 쓰인다. 고가 스캐너의 경우 스캐너를 구입하면 자체 소프트웨어를 지원한다. 그러므로 3D 스캐너를 사용하고 나서 모델링 작업이 필요하다면, 해당 스캐너 회사에 문의하여 소프트웨어를 지원받고 모델링 하면 된다. 3D 스캐너가 만능도구가 아니라는 것은 바로 이런 이유에서다. 스캔하고 나서 후보정 작업을 거쳐야 하기 때문에, 일반 사용자가 쉽게 사용할 수 있을 것처럼 보이면서도, 실제로 사용해보면 손이 많이 가는 것이다. 3D 스캐너의 강력한 장점에도 불구하고 대중화가 더딘 이유 중에 하나다.

3D 시스템스의 저가 스캐너 '센스'

3D 시스템스는 다양한 3D 프린터를 비롯해 3D 사업과 관련된 기기들을 개발하고 있는데, 모델링과 관련하여 주목할 만한 것이 바로 '센스SENES다. 3D 시스템스에서 대중화를 위해 선보이는 저가 스캐너다. 가격은 400달러다 2014년 기준. 이 '센스'라는 스캐너를 이용하면 고품질은 아니지만 피규어나 물체의 형체를 간단하게 3D 데이터로 담아낼 수 있다. 3D 데이터를 보정할 수 있는 능력이 있다면, 백지에서부터 시작하는 모델링 단계를 쉽게 패스할 수 있으므로 센스의 스캔 기능이 유용하다.

3D 스캐너가 상용화된다면 언젠가는 놀이동산에서 사람들의 얼굴을 그려주는 풍경이 사라질지도 모른다. 문제는 프린팅 속도다. 10센티미터 정도의 사람을 출력하는데 5~10시간 정도가 걸린다. 3D 프린터의 단점으로 지적되는 속도 문제만 점차 나아진다면, 적용할 수 있는 분야는 넓다.

다만 센스를 가지고 도자기 복원 같은 정교한 작업에 사용하는 것은 권하지 않는다. 혹시라도 세밀하고 품이 많이 드는 작업을 하려고 한다면, 전문 스캐닝 업체를 찾아보는 것도 방법이다.

3D 스캐너 '센스', 한 번 사용해보자

스캐너를 사용하려면 3D 시스템스에서 인증을 받고 소프트웨어를 다운받아 설치해야 한다. 3D 스캐너 센스를 찾아보면 큐비파이 홈페이지로 연결된다. http://cubify.com/en/Products/Sense로 이동하여 가입에서부터 3D 스캐너를 실제 활용하는 단계까지 함께 살펴보자.

1
화면 중간의 메뉴 탭에서 "ACTIVATE"를 클릭한다.

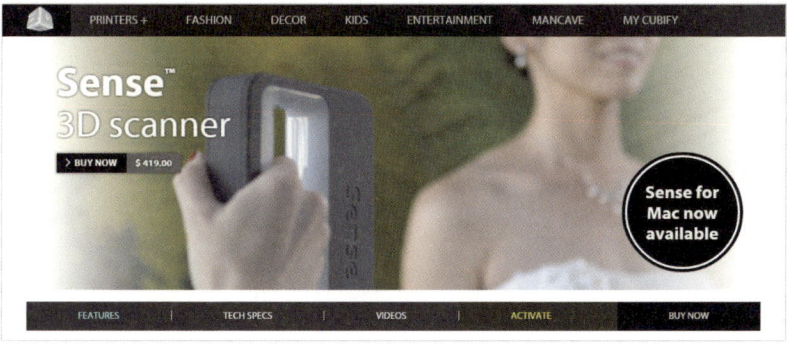

2
다운로드 버튼 왼쪽에 로그인이나 가입을 유도하는 문장이 나타난다. 하이퍼링크 표시된 가입(sign up) 버튼을 누르고 가입화면으로 이동한다. 이미 가입되어 있다면 로그인한다.

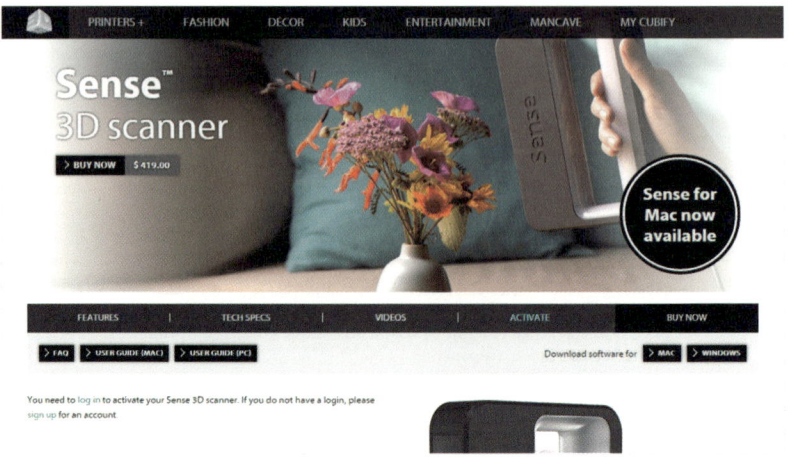

3
가입 절차는 간단하다. 요구되는 사항들을 기입하고 가입을 완료한다.

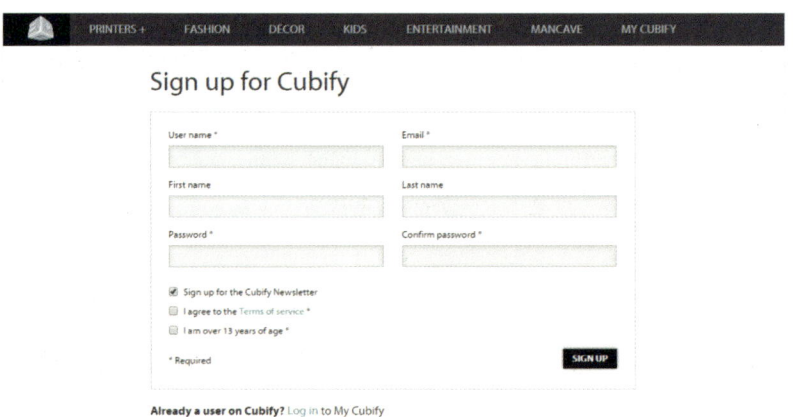

4
등록하면 소프트웨어 활성화를 위해 스캐너의 시리얼 넘버를 요청한다. 스캐너를 갖고 있다면 스캐너 하단에 있는 시리얼 넘버를 넣고 활성화한다. 활성화하면 "액티베이션 코드(ACTIVATION CODE)"를 생성해주는데 소프트웨어 구동 시 필요하니 잘 적어놓는다. 활성화를 완료했다면 "BUY NOW" 버튼 아래에 있는 다운로드 버튼에서 자신이 쓰는 운영체제를 확인하여 맥(MAC)이나 윈도(WINDOW) 버튼 중 하나를 눌러 다운로드를 진행하고, 설치한다.

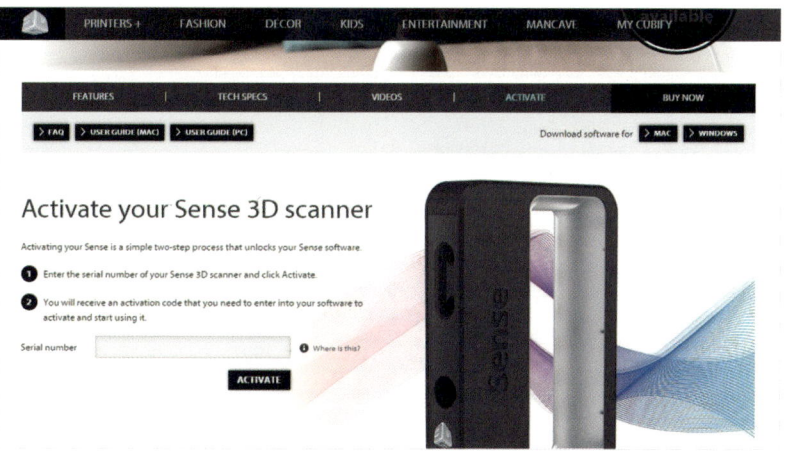

센스 소프트웨어를 설치했다면 한번 열어보자. 설치한 뒤 초기 화면은 112쪽 그림과 같다. 저장한 액티베이션 코드를 넣고 실행해보자. 이제부터는 소프트웨어를 실행하여, 센스가 실제 상품을 어떻게 스캔하는지, 또 스캔 받은 모델링 파일을 어떻게 다뤄서 프린팅 단계까지 끌어갈 수 있는 살펴볼 것이다.

1
소프트웨어를 열고 "I have an activation code"를 선택한 다음 가입을 진행하며 받은 액티베이션 코드 4자리를 입력한다.

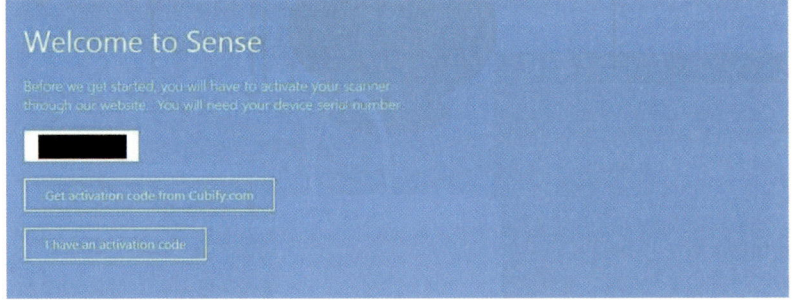

2
첫 단계를 완료하면, 어떤 종류의 오브젝트를 스캔할지 묻는다. 사람을 스캔할지 사물을 스캔할지 선택하는 것이다. 사람 스캔을 선택할 경우, 전신 스캔인지, 상체 스캔인지를 선택하는 옵션이 나타나며, 물체를 스캔한다면, 스캔 규모에 따라 큰 것, 중간 것, 작은 것 등의 옵션을 선택할 수 있다.

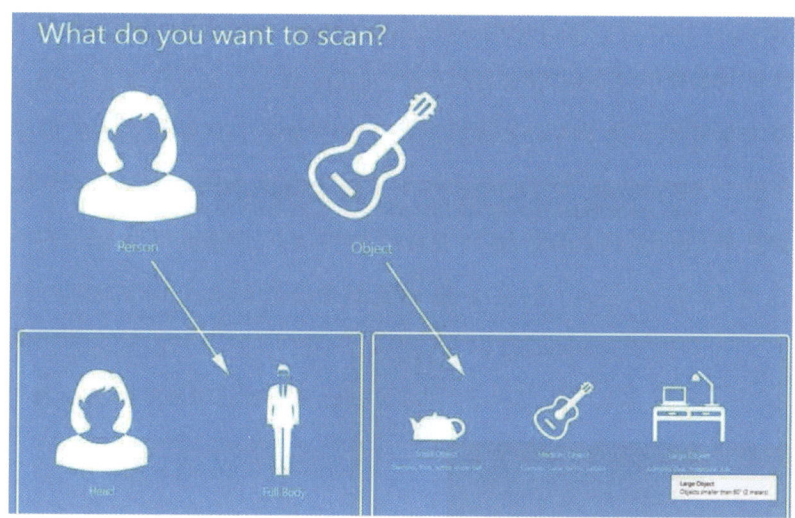

　본격적으로 스캔을 시작하기 전에 미리 알아두어야 할 몇 가지 주의점이 있다. 이 부분을 염두에 두면서 스캔해야 한다.

- 스캐너와 노트북을 고정하여 잡으면, 흔들림을 방지하여 오류 상황을 줄이면서 정확도를 높일 수 있기 때문에 비교적 쉽게 스캐닝을 끝낼 수 있다.
- 스캔할 때는 정면부터 시작하고 고개를 살짝 숙여서 목 아래의 구석진 부분도 스캔한다. 또한 한 바퀴 돌며 위아래를 스캔해야 한다는 점도 명심한다.
- 스캔할 때는 매우 천천히 움직여야 한다. 빠르게 스캔하면 기계가 움직이는 속도를 따라오지 못해 실패할 확률이 높다.

3

"스캔 시작(Scan start)"을 클릭한 다음 스캔을 실행한다. 스캔할 때는 다음 화면과 같이 파란 원 안에 스캔하려는 오브젝트를 둔다. 원을 벗어나면 에러가 나기 때문에 주의한다.

4

사물을 스캔한다고 해서, 사물만 깔끔하게 스캔되지는 않는다. 배경이나 불필요한 부분도 함께 스캔될 수도 있는데, 그런 부분은 "크롭(crop)"을 이용하여 잘라낼 수 있다.

5

크롭한 다음 전체 스캔 파일을 지울지(Erase) 채울지(Solidify) 결정한다. 스캔한 데이터가 마음에 들지 않으면 지우고 마음에 들면 채우기(Solidify) 하여 구멍(빈 공간)을 메운다.

6

OBJ 파일로 추출한다(export). 채우기를 한 다음에 파일을 저장하거나 3D 시스템즈 클라우드에 업로드할 수 있다. OBJ란 3D 파일 형식 중 하나인데, 컬러 값을 가지고 있다는 것이 특징이다. STL 파일의 경우 컬러 값이 저장되지 않는다. OBJ에는 컬러 값이 저장되므로 컬러 값이 필요하다면 OBJ 파일 형식을 이용한다.

3D 프린팅이 가능한 파일로 추출한 다음, G코드로 변환하여 3D 프린팅 하면 3D 스캐너를 이용한 프린팅 과정은 모두 끝난다.

3D 스캐너로 모델링 파일을
만들고 출력한 인물 상반신 모습.

저가 스캐너를 이용해 모델링 작업을 거치고, 3D 프린팅한 상품의 모습이다. 출력한 모습과 같이 상품화가 가능한 수준이다. 스캐너가 해주지 못하는 몇 가지 부분들을 보완할 수 있는 모델링 실력만 갖춘다면, 자신의 아이디어를 표현할 좋은 도구가 되어줄 것이다.

6단계

나만의 아이디어를
직접 만들어보자

　5단계에서 모델링 파일을 쉽게 얻을 수 있는 다양한 경로를 소개했지만, 결국 가치 있고 남다른 상품을 만들기 위해서는 자신의 아이디어를 직접 표현할 줄 아는 것이 중요하다. 그리고 3D 프린팅 제품을 만들 때 필요한 부분을 이해해야 한다.

　3D 프린팅용 제품을 제작할 때는 크게 두 가지 도구를 쓰게 된다. 바로 디자인용 소프트웨어와 설계용 소프트웨어다. 디자인 소프트웨어가 스케치가 가능한 3D 작업 도구라면 캐드 소프트웨어는 정확한 수치를 입력해야 하는 설계 도구다. 캐드를 사용하게 되면 마치 레고 블록처럼 오차 없이 완벽하고 정확하게 제품을 만들 수 있어 현재 3D 프린팅 최고의 모델링 도구로 치고 있다. 예를 들어 애니메이션이나 인체를 만들 때는 마야Maya나 3D 맥스 3D MAX 등을 사용하고, 제품 설계는 오토캐드 AutoCAD 나 클레오 등의 소프트웨어를 사용하는 식이다. 그런데 앞으로는 디자인

도구와 설계 도구의 경계가 점차 사라질 것이라는 것이 업계의 전망이다. 두 가지 기능이 통합된 도구가 나온다는 것이다. 그러나 상용화 가능한 단계까지 개발되는 것을 기다릴 수 없는 노릇이고, 시중에 있는 디자인 도구와 제작 도구를 선택하여 바로 사업 아이템이나 작품에 적용하는 연습이 필요하다. 시중에는 너무나도 많은 소프트웨어가 사용되고 있다. 어떤 소프트웨어를 사용해야 내가 적용하려는 아이템에 적합할지, 어떤 소프트웨어로 시작해야 조금이라도 쉽고 빠르게 3D 프린팅을 익힐 수 있을지, 시작하는 사람에게는 고민할 일투성이다.

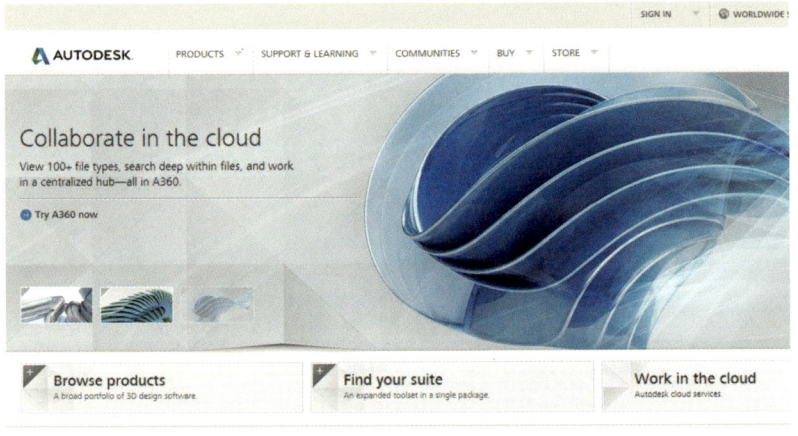

3D 모델링을 이야기할 때 빠질 수 없는 오토데스크(Autodesk).

오토데스크는 3D 모델링의 가장 앞단을 이끌고 있는 회사다. 오토데스크에서 오토데스크 360이라고 부르는 것이 있다. 오토데스크의 모든 클라우드 베이스의 소프트웨어를 통합하여 부르는 전체 워크플로를 말한다.

처음 시작하는 소프트웨어로 추천하는 도구는 바로 오토데스크에서 배포하는 123D 디자인123D Design이다. 123D 디자인은 설계에 초점을 맞춘 매력적인 소프트웨어인데, 사용하기가 쉽고 짧은 시간 안에 상당히 괜찮은 결과물을 얻을 수 있다는 장점이 있다. 그런 만큼 기능에 한계가 있다는 단점이 있지만, 좀 더 다양한 기능을 활용할 수 있는 퓨전 360 Fusion360이나 오토데스크의 상위 버전의 소프트웨어로 넘어가기에 좋다는 특징이 있다. 123D 디자인이나 퓨전 360 등은 같은 오토데스크에서 나오는 소프트웨어이기 때문에 인터페이스나 기본 개념을 공유한다. 이렇게 단계적으로 학습이 가능한 제품 라인은 오토데스크에서 야심차게 준비하고 있는 여러 프로젝트 중에 하나이기도 하다. 좀 더 깊게 공부할 의향이 있고, 미래의 비전을 보고 3D 프린팅에 접근하고 있다면 123D 디자인이 그 시작점으로 좋을 것이다. 이러한 이유로 입문자뿐만 아니라 3D 모델링에 대해 기본 지식을 갖고 있는 사람이라 하더라도 한 번쯤은 123D 디자인을 활용해보기를 바란다.

3D 프린팅 제품을 접해봤다면 알겠지만, 3D 프린팅으로 접근할 수 있는 분야는 무궁무진하며, 원하는 것을 얻기 위해서는 그만큼 다룰 줄 아는 소프트웨어가 많으면 많을수록 유리하다. 그래서 이 장에서는 입문자가 고민해볼 수 있는 다양한 초중급, 유무료 소프트웨어를 소개해보고자 한다.

입문자에게 추천하는 심플한 소프트웨어

123D 디자인

　초보자들을 위한 3D 프린트용 소프트웨어다. 기본적인 기능을 갖추고 있지만, 그것만으로도 상당히 복잡한 제품을 빠른 시간 안에 만들 수 있다는 장점이 있다. 아무것도 모르는 상태에서 3D 프린트 소프트웨어를 배우고 싶다면 123D 디자인을 추천한다. 그 이유는 앞서 말했듯 오토데스크의 상위 버전과 기본적인 부분들을 공유하고 있기 때문에 다양한 기능을 습득하기 위한 연결점으로 훌륭하기 때문이다. 무료인데다 흔히 3D 프린터로 출력하기까지 디자인(모델링) 소프트웨어, 3D 프린터 출력용 컴파일 소프트웨어, 3D 프린터 출력의 세 단계를 거쳐야 하는데 3D 프린터로 바로 출력할 수 있게 편리하게 설계되어 있다. 아이패드, 데스크톱에서 클라우드로 작동한다.

123D 디자인은 직관적인 기능으로 입문자에게 가장 적합한 소프트웨어다.

123D 캐치

123D 캐치123D Catch는 여러 각도에서 찍은 평범한 사진들을 자동으로 조합하여 3D 이미지로 변환시켜주는 클라우드 기반의 소프트웨어다. 세심하고 디테일한 디자인에는 한계가 있지만, 직접 3D 모델링하기가 어렵고, 사진에 있는 것을 그대로 구현하는 것으로도 충분한 결과물을 준비하고 있다면 상당히 괜찮은 소프트웨어다.

123D 크리에이처

123D 크리에이처123D Creature는 아이패드에서만 작동되는, 애플리케이션 개념의 소프트웨어. 게임이나 영화 등에서 흔히 볼 수 있는 환상적인 생명체나 캐릭터를 디자인하는 데 적합하다.

123D 메이크

123D 메이크123D Make는 예술 작품을 만드는 데 적합한 소프트웨어로, 3D 모델링을 감각적인 느낌으로 작업하고 싶은 이에게 권한다. 3D 모델을 예술 작품으로 만들어 줄 수 있는 컷 패턴Cut Pattern 기능을 사용한다. 오브젝트를 연속적인 패턴으로 자를 수 있어 패턴을 이용한 창조적인 제품을 만들어 낼 때 유용한 소프트웨어다.

123D 스컬럽트

123D 스컬럽트123D Sculpt는 123D 크리에이처처럼 아이패드에서 작동하는 애플리케이션으로, 3차원 입체 오브젝트를 조각하며 페인팅 할 수 있다.

사진을 3D 모델링 파일로 변환시켜주는 123D 캐치.

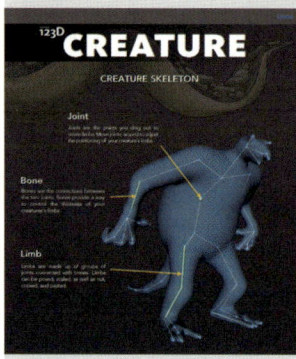

캐릭터 작업에 특화된 123D 크리에이처.

디자인적인 면모를 부각하고 싶다면 123D 메이크를 추천한다.

123D 스컬프트는 보다 입체적인 사물을 디자인하기에 적합하다.

123D 디자인, 123D 캐치, 123D 메이크, 123D 스컬럽트 등은 쉽지만 전문가용이라고 하기에는 기능에도 한계가 있다. 3D 프린터 시장이 커지고 인기가 많아짐에 따라 예비 사용자에게 호소하기 위해 개발된 소프트웨어라 보는 것이 더 적합하다. 그러나 그만큼 쉽고 만들어진 기능에 따라 사용하기만 하면 된다는 장점이 있다. 전문가들이 사용하는 도구를 원한다면 다음에 소개할 퓨전 360이나 메시믹서 등을 사용하기를 권한다.

보다 디테일한 디자인을 위한 도구

퓨전 360

퓨전 360은 클라우드 기반의 캐드 도구다. 과거에 설계 도구가 갖고 있던 폐쇄성 없이 일반 프로그램에 대한 감각과 디자인 센스만 있으면 쉽게 익힐 수 있다. 티스플라인T-spline이라는 매우 강력한 개념을 갖추고 있다. 다른 일반적인 캐드 데이터의 경우 면과 선의 각을 제어할 수 있다면 티스플라인은 점, 선, 면 모두 컨트롤할 수 있는 매우 직관적인 기능

퓨전 360은 전문적인 기능과 함께 쉬운 UI로 높은 접근성을 지니고 있다.

으로, 곡선면을 조정하는 데 탁월하다. 유료 소프트웨어이며, 한 달에 40달러 정도의 요금으로 이용 가능하다2014년 기준. 다달이 내는 비용이 전혀 아깝지 않을 만큼 유용한 점이 많다. 공식 웹사이트는 http://fusion360.autodesk.com/about이며 가격 등 사용에 대한 부분을 확인할 수 있다.

메시믹서

디자인 도구에는 두 가지 개념이 있다. 바로 폴리곤과 캐드 데이터라는 것이다. 이 둘은 포토샵과 일러스트레이터의 관계라고 생각하면 쉽다. 폴리곤은 늘리면 구조 자체가 깨지는 불안정한 구조지만, 캐드는 매우 매끄러운 구조를 지니고 있다. 3D 프린팅을 하려면 캐드 데이터를 폴리곤으로 변환하는 작업이 반드시 필요하다.

메시믹서는 캐드 스타일이 아닌 폴리곤으로 이뤄지는 도구로, 캐릭터나 동물 등의 모델링 수정을 매우 쉽게 할 수 있다. 이 도구는 3D 프린트를 할 때 서포트 또는 출력물을 자르거나, 속을 채우고 두께를 줄 때 매우 유용하게 사용한다.

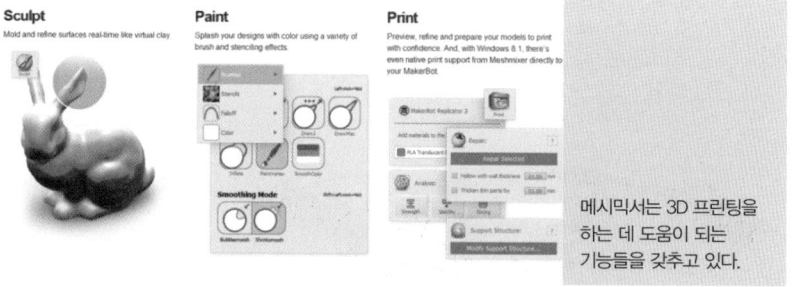

무료 디자인 소프트웨어

123D 디자인

현재 오토데스크가 보유하고 있는 가장 훌륭한 디자인 기능과 라이브러리를 지원한다. 또한 아이패드에서 사용 가능하다는 점도 특징으로 꼽히며, 셰이프웨이스 Shapeways와 바로 연결 가능하게 설계되어 있다. 윈도,맥, 온라인 클라우드에서 사용 가능하다.

싱커캐드

싱커캐드Thinkercad는 쉬운 기능을 이용하여 복잡한 것도 쉽게 설계할 수 있도록 기획된 환상적인 입문자용 프로그램이다. 웹 브라우저에서 작동되며 기능을 익히기가 쉽고, 셰이프웨이스와도 바로 연동하여 자신의 디자인 상품을 판매할 수 있다.

3D 틴

3D 틴3D Tin은 웹GL WebGL을 이용한 클라우드 기반의 소프트웨어다. 다른 이들과 디자인을 공유하는 한 무료로 사용할 수 있다. 크롬, 사파리, 파이어폭스에서 작동되며 레고 스타일 디자인을 만드는 데 매우 유용하다.

블렌더

블렌더Blender는 막강한 전문적인 기능을 갖춘 소프트웨어다. 유튜브나 웹 레퍼런스 등이 많아 혼자서 공부하더라도 사용 가능한 자료가 많다는 것이 장점이며, 그만큼 나만의 디자인을 구현하는 데 필요한 기능들도 커뮤니티를 통해 알아볼 수 있다. 교육용으로도 사용되고 있다.

프리캐드

프리캐드FreeCAD는 오픈소스를 이용한 매개변수 3D 모델링 도구다. 일반 유저, 취미 생활자 그리고 경험 있는 디자이너들에게 모두 유익한 프로그램이다. 공학적인 부분과 건축 분야에서 매우 유용하게 사용할 수 있도록 설계되어 있다. 윈도, 맥, 리눅스에서 사용 가능하다.

스컬럽트리스

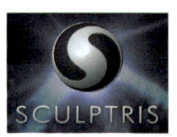

스컬럽트리스Sculptris는 무료로 사용 가능한 디지털 조각 도구다. 디지털 조각 도구 입문자들을 위해 개발되었으며, Z브러시Zbrush를 만든 회사에서 제공한다. 윈도와 맥에서 사용 가능하다.

스케치업

스케치업SketchUp은 구글에 제공하는 드로잉

베이스 도구로 건축 디자이너가 사용하기 좋다. 스케치업 메이크라는 무료 버전과 스케치업 프로라는 유료 버전, 두 개로 나뉘어 있다. 건축에 최적화되었지만, 자동차를 비롯한 각종 다양한 물체도 모델링할 수 있다. 윈도와 맥에서 사용 가능하다.

3DMTP

3DMTP3D Model to Print는 클라우드 기반의 서비스로, 3차원 건축 모델을 만드는 데 초점이 맞춰져 있다. 이 프로그램은 3D 파일의 크기를 늘리거나 줄이는 데 잘 쓰이며 그리고 3D 프린팅 할 때 효율적으로 디자인할 수 있다. 온라인 서비스를 하고 있다.

언젠가는 제대로 배워야 한다

3D 모델링에 대안이 많아졌다지만, 진정한 가치는 내 아이디어를 제대로 표현하고 제품화했을 때 발현되는 법이다. 그러려면 꾸준히 모델링 기술을 숙련해야 하고, 중급 모델링 단계에 접어들면서는 새로운 도구를 찾게 된다. 다음 소개하는 소프트웨어들은 고급 사용자들, 그러니까 전문가가 사용하는 소프트웨이지만, 그만큼 대중적이면서 원하는 것을 만들어 내기에 최적의 기능을 갖추고 있다.

3D 스튜디오 맥스

3D 스튜디오 맥스3D Studio MAX는 광대하고 직관적인 인터페이스를 가지고 있는 3D 디자인 도구다. 마야와 함께 디자인 소프트웨어로는 가장 많이 사용되며, 다양한 분야에서 활용되고 있는 매우 강력한 도구다. 윈도에서 사용 가능하다.

오토캐드

오토캐드AUTOCAD는 매우 진보적인 디자인의 캐드 기반 도구다. 건축가나 디자인 엔지니어를 위해 개발되었기 때문에, 설계 작업에서 가장 많이 쓰인다. 윈도, 맥에서 사용 가능하다.

마야

마야Maya는 전문가용 모델링, 캐릭터 조작이 용이하게 뼈대를 설계하거나 물이나 액체를 실사처럼 구현하는 시뮬레이션 등의 완벽한 기능을 제공하는 도구다. 영화 등 영상 광고 그리고 애니메이션 등에 광범위하게 사용되는 최고의 소프트웨어다. 윈도, 맥에서 사용 가능하다.

포토샵

포토샵Photoshop은 2D 콘텐츠 편집의 업계 표준이다. 그만큼 많이 알려져 있고, 기능에도 제약이 없을 정도다. 제작된 콘텐츠를 셰이프웨이스Shapeways와 바로 연결하여 사용할 수 있는 기능들을 제공한다. 지속적으로 업그레이드가 이뤄지고 있고, 점차 3D 연동 가능한 기능이 추가될 것이다. 윈도, 맥에서 사용 가능하다.

라이노서로스

라이노서로스Rhinoceros는 인기 있는 곡선 베이스의 모델링 소프트웨어다. 특히 제품 디자인 쪽에서 많이 사용되나. 디자인적인 모델링의 장점과 캐드 모델링의 장점을 동시에 지니고 있어서 다른 소프트웨어들과 차별성을 갖는다. 윈도, 맥에서 사용 가능하다.

Z브러시

Z브러시ZBrush는 화소 기반 시스템voxel-based system의 3D 조각, 조소 소프트웨어다. 인체 모델링을 한다면 당연히 Z브러시라고 생각될 정도로 최고의 기능을 갖추고 있다. 매우 섬세하고 세련된 질감을 만드는 데 탁월하며 피규어 제작에 많이 사용되고 있다. 매우 창조적이며 자신의 컨셉 모델을 표현하는 데 매우 강력하며 강추한다. 윈도, 맥에서 사용 가능하다.

솔리드웍스

솔리드웍스Solidworks는 진보된 모델링으로 정확한 제품 디자인을 할 수 있는 모델링 도구다. 제품의 이름에서 말해주듯이 솔리드 덩어리 형태를 가지고 쉽게 모델링을 하는 툴이다. 윈도, 맥에서 사용 가능하다.

매터리얼라이스

매터리얼라이스Materialise에서 나오는 매직Magic STL 전용 소프트웨어다. STL 파일에서 물체에 구멍을 만들거나, 물체의 속을 비우거나 자를 때 매우 유용하다. 특히 속을 비우는 기능이 탁월하여 SLA나 DLP 3D 프린터를 사용한다면 반드시 필요한 소프트웨어다. 그 외에도 편리한 기능들을 여럿 지원하며 의료계에서 많이 사용된다. 윈도에서만 사용이 가능하다.

유니그래픽스 NX

유니그래픽스 NXunigraphics NX는 지멘스Siemens에서 제공하는 캐드 도구로 삼성과 LG가 사용하는 매우 강력한 툴이다. 금형을 닫은 다음 플라스틱 수지를 녹여 플라스틱 제품을 얻는 사출금형에 매우 적합하다.

프로-E

프로-E Pro-ENGINEER는 삼성과 LG에서 사용되는 캐드 도구다. 휴대 전화나 TV를 디자인할 때 매우 효율적이다.

3D 프린터 시장은 이제 막 시작하는 단계이기 때문에 소프트웨어에서

도 무료 버전을 경험할 수 있는 기회가 있다. 디자이너는 자신의 상상력을 잘 표현하기 위해서 자신에게 적합한 소프트웨어가 무엇인지 제대로 알아야 한다. 전문 디자이너는 하나의 소프트웨어를 사용하면서 필요한 기능에 따라 다른 소프트웨어들을 두루 사용하는 경우가 많다. 더군다나 오토데스크의 소프트웨어를 익힌다면, 웹페이지나 유튜브를 통해 방대한 튜토리얼을 참조할 수 있으므로 배움의 기회도 넓다.

무료 소프트웨어의 경우 사용하기 간편하고 짧은 시간 안에 좋은 결과물을 만들 수 있다. 하지만 디자인 바탕을 단단히 하고 추후 아이템의 스펙트럼을 더 넓힐 때는, 모델링을 기본과 원론에서부터 접근할 필요가 있다. 그러기 위해서는 마야, 3D 맥스 그리고 캐드 프로그램을 다룰 수 있어야 원본 파일을 만들 수 있다. 최소한 캐드 툴 하나, Z브러시, 이 두 개는 반드시 주요 도구로 다룰 수 있어야 한다.

3D 프린터, 어디에서 팁을 얻을 수 있을까?

3D 프린터는 알면 알수록 더 좋은 정보, 보다 효과적인 팁을 찾아다니게 된다. 웹에는 3D 프린터에 대한 정보를 안내하는 블로그나 포럼이 많은데, 그중 소개할 만한 웹사이트가 몇 있다. 가장 소개하고 싶은 곳은 바로 '타이드 인스티튜트'다.

타이드 인스티튜드

우주인 고산 씨가 설립한 비영리 단체인 타이드 인스티튜드http://tideinstitute.org는 한국의 팹랩을 지향한다. 팹랩이란 제작Fabrication과 실험실Laboratory의 합성어로, 레이저 커터, 3D 프린터 등 각종 디지털 장비를 사용해 아이디어를 구현할 수 있도록 만든 공작소를 말한다. 3D 프린터 그리고 컴퓨터로 수치제어가 가능한 공작기계인 CNC 장비를 구비하고 있어 회원가입을 하면 원하는 장비를 이용할 수 있다. 아두이노 교육이나 3D 프린팅 교육 등 다양한 교육 서비스가 있다. 아이디어를 가진 일반인들이 자신의 꿈을 실현해볼 수 있는 장소다.

이 외에도 앞서 소개한 포노코www.ponoko.com, 메이크진 www.makezine.com이 있는데 인터넷을 이용하여 자신이 원하는 부품을 만드는 방법이나 원하는 오브젝트의 제작 과정 등에 관해 정보를 얻을 수 있다. 메이크진의 3D 프린팅 파트는 특히 참고할 만하다.

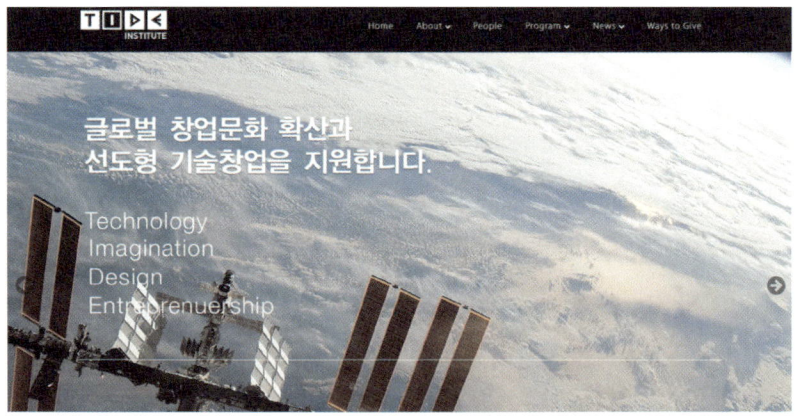

타이드 인스티튜트는 아이디어를 실험할 수 있는 인큐베이터가 되기도 한다(http://tideinstitute.org).

인스트럭터블스

인스트럭터블스 http://www.instructables.com는 미래의 창업자들을 위한 DIY 공동체 사이트다. 다양한 DIY 정보와 팁, 동영상 등을 공유하고 있고, 3D 프린터 CNC 등 구별 없이 다양한 튜토리얼 자료를 얻을 수 있다. 3D 프린터도 '직접 만든다'는 취지에 부합하는 도구로, DIY 분야의 다양한 커뮤니티에서 각광받고 있으며, 따라서 관련 웹사이트에 정보가 모인다.

'직접 만드는 것'과 창업의 경계를 넘나드는 인스트럭터블스.

이외에도 이미 소개한 바 있는 오픈크리에이터스나 3D 프린터 사용자가 모여 있는 인터넷 커뮤니티에서도 유용한 정보를 얻을 수 있다. 자료의 다양성이나 정보의 스펙트럼은 아무래도 해외 커뮤니티가 더 유익할 수도 있으나, 국내 포럼이나 단체에서는 직접 문의나 보다 와 닿는 체험을 할 수 있다는 점에서 초보자들에게 훨씬 더 도움이 되기도 한다.

모델링 하기 전에 반드시 확인해둘 것

    3D 프린트를 할 때 발생할 수 있는 문제를 미연에 방지할 수 있는 방법이 있다. 3D 모델링을 할 때 다음 사항을 미리 체크하고 프린트 하는 것이다. 다음 체크리스트는 프린터 기종에 관련 없이 적용할 수 있으며 아래 사항을 제대로 준수한다면 비싼 재료비를 절약할 수 있다. 게다가 셰이프웨이스에 자신의 작품을 제대로 알리는 데도 도움이 된다. 셰이프웨이스에 작품을 올려 상품화할 때 다음 사항들을 준수하지 않는다면 바로 거부당할 수도 있다. 이제 모델링 체크리스트 다섯 단계를 확인해보자.

    1. 빈틈이 없는지 확인하라.
    2. 속을 비워서 모델링 하라.
    3. 겹치는 부분을 제거하라.
    4. 겉과 속을 확인하라.
    5. 제대로 된 파일로 변환하자.

빈틈이 없는지 확인하라
    틈이 생기게 되면 프린트 중에 에러가 날 가능성이 높다. 마야에서는 채우기fill hole기능을 이용하여 틈을 막는다. 메시믹서의 경우 인스펙터 inspector를 활용하여 틈을 메울 수 있다.

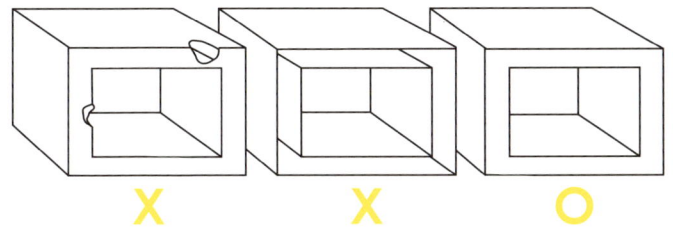

모델링 파일에 균열이 있거나 엉뚱한 곳에 틈이 생기면 안 된다.

속을 비워서 모델링 하라

FDM 방식이든 DLP, SLA 방식이든 물체 속을 가득 채우면 엄청난 재료 낭비가 된다. DLP나 SLA의 경우 재료가 매우 고가이기 때문에 프린트되는 물체의 속을 최대한 비우는 게 좋다. 물체 안에 다른 물체를 넣으면 DLP나 SLA에서는 겹치는 부분의 속을 비우는 효과를 얻을 수 있다. 대부분의 경우 소프트웨어에서 익스트루드extrude 기능을 이용하여 두께를 주는 것이 일반적이다. 구멍을 하나 뚫어주면 효율적이다. 속을 비웠더라도

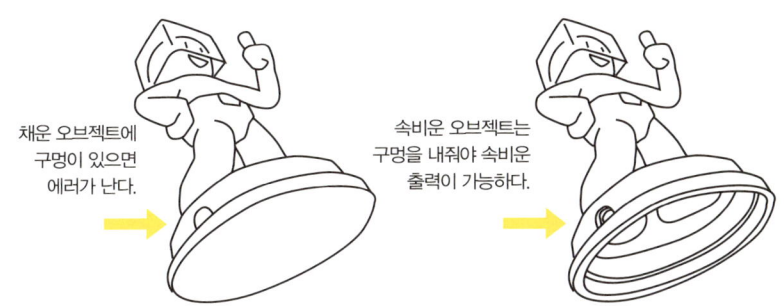

재료의 효율적인 사용을 고민하는 과정은 반드시 필요하다.

구멍이 없으면 G코드 생성 시 속을 채워서 계산하기 때문에 구멍이 만드는 것이 유리하다. 속을 채우는 부분은 어떤 소프트웨어를 사용하느냐에 따라 다르다. 큐라Cura는 속을 채워서 출력하는 것으로 기본 설정이 되어 있다. 대다수 소프트웨어에서는 자동으로 속을 채우기 때문에 매직이나 메시믹서를 사용하여 속을 비워야 재료의 낭비를 줄일 수 있다.

 트로피는 높이가 있는 물체이므로 어지간한 3D 프린터로는 한 번에 출력이 불가능하다. 그러므로 모델링 할 때 물체를 3등분으로 나눌 필요가 있다. 이럴 때는 속을 비우는 것이 매우 유리하다. 특히 ABS 재료는 속

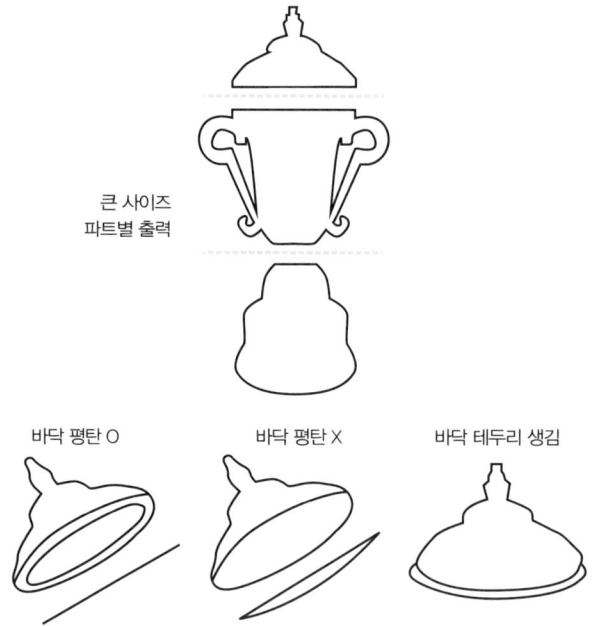

긴 출력물이라면 세 부분으로 나누어 나중에 합치는 편이 좋다.

을 비우지 않으면 맨 오른쪽 그림처럼 바닥이 살짝 튀어나오면서 계획대로 출력되지 않을 가능성이 높다. 속을 비워야 재료를 아끼면서 효율적으로 출력할 수 있다. 캐릭터나 다른 덩어리 형태의 모델링에도 모두 해당된다. DLP나 SLA에서는 크게 문제되지 않는다. FDM 방식에서 ABS 필라멘트를 사용할 때는 보다 세심한 계산이 필요하니 상황에 따라 속을 비우는 것이 유리하다.

겹치는 부분을 제거하라

다음 그림을 보자. 왼쪽은 하나의 라인을 두 개의 물체가 공유하는 상태이며 가운데 그림은 물체 두 개가 완전히 겹쳐 합체가 된 상태, 오른쪽 그림은 두 물체가 완전히 떨어져 있어 전혀 문제가 없는 상태다. 출력물이 겹치는 게 왜 문제가 되는 것일까?

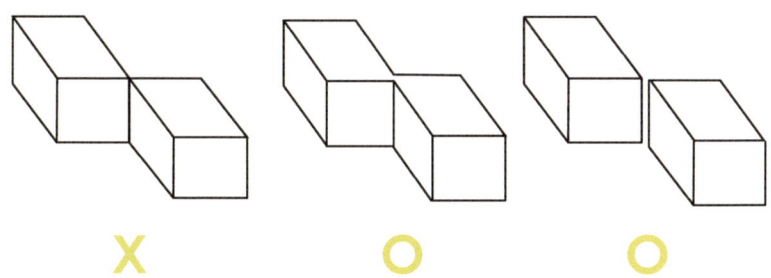

모델링이 겹치게 되면 출력이 이상해지거나, 에러가 날 수 있다.

다음 그림은 아이스크림의 콘 모양을 모델링한 형태다. 현재 무늬와 아이스크림콘이 겹친 형태로 모델링되었다.

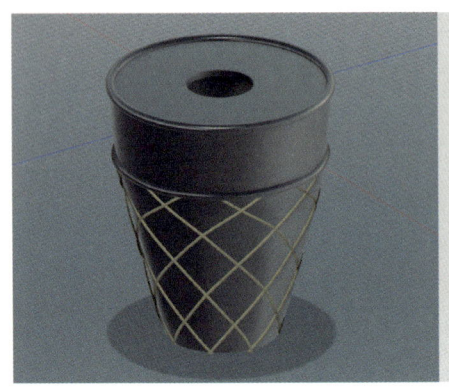

여러 가지 오브젝트들로 구성된 아이스크림의 3D 모델링 파일이다. 하단 무늬들이 본체인 아이스크림과 합체되지 않았고 겹쳐진 상태다.

두 부분이 겹친 상태로 출력한 것과 완전히 합체가 된 상태에서 출력된 것을 각각 살펴보고 비교해보자.

겹치는 것을 그대로 방치했을때 출력 결과물(왼쪽)과
모든 오브젝트를 겹침없이 합체(combine)되어 출력한 결과물(오른쪽)

겉과 속을 확인하라

모든 모델링에는 컬러 적용에 필요한 겉과 속이 존재한다. 눈으로는 구별할 수 없다. 그러나 눈으로 확인할 수 없는 이 부분으로 인해 예기치 못한 상황이 발생한다. 간혹 겉과 속이 뒤바뀌어서 프린트 되는 것이다. 이런 경우에 G코드 생성 소프트웨어나 마야나 맥스 같은 일반적인 모델링 소프트웨어에서 매우 어두운 색으로 오브젝트물체가 표시된다. 이때는 각 소프트웨어에서 "표면 검사하기Check Surface Normals" 기능을 이용하여 이를 수정한다. 물체 또는 물체의 일부들이 서로 겹치는 문제가 생기면 디자이너가 겹치는 부분을 확인하여 하나하나 손수 수정하여야 한다. 이 또한 매직이나 넷펩으로 자동 진단할 수 있다.

제대로 된 파일로 컨버트하자

초보자들의 경우 마야의 확장자인 MA나 맥스의 확장자인 MAX 등 각 소프트웨어의 확장자 그대로 프린트 하려는 실수를 한다. 아주 기본적인 부분이지만 3D 프린팅에 익숙하지 않을 때 흔히 일어나는 실수다. 3D 프린터는 G코드라는 컴퓨터 언어를 이용한다. G코드의 확장자는 GCODE

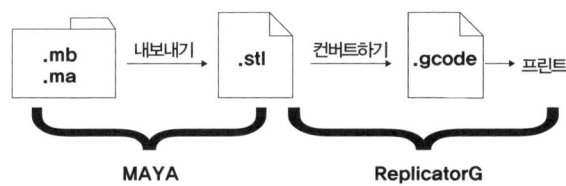

3D 모델링 파일 확장자는 STL 파일로 추출한 다음 G코드로 변환하여 프린트해야 한다.

인데 3D 프린터는 이 GCODE 확장자만 인식한다. 그러므로 각 소프트웨어에서 추출한 STL 파일로만 출력한다.

　이 다섯 가지의 준비 단계는 메시믹서, 매직, 넷팹을 잘 활용하면 제대로 마칠 수 있다. 메시믹서는 123D 디자인을 설치하면 함께 설치된다. 두 소프트웨어의 제작사인 오토데스크에서도 123D 디자인의 약점을 보완하기 위해 메시믹서를 추가적으로 사용하게끔 권장하고 있다. 메시믹서는 메시폴리곤전용 도구로 123D가 다루지 못하는 메시를 자유롭게 컨트롤할 수 있기 때문에 123D 보완용으로도 사용된다. 메시믹서, 매직, 넷팹은 3D STL 전용 수정 도구로, 일반적으로 캐드가 하지 못하는 것을 해결할 수 있다. 구멍 막기, 늘리기 기능, 자르기 기능, 두께 주기 등 다양한 기능을 겸비한 캐드 보완용 오토데스크 소프트웨어다. 메시믹서에서 생성된 STL 파일을 G코드 전용 소프트웨어인 큐라, 메이커웨어 등에서 프린트가 이해할 수 있는 파일 포맷인 G코드로 만드는 과정이 필요하다.

　이제 초보자가 알아야 하는 아주 기초적인 3D 프린터 상식은 파악한 셈이다. 빠른 시작을 위해 7단계에서는 텍스트를 3D 디자인 제품으로 만드는 실습해볼 것이다. 동시에 실제 작업에서 내가 할 수 있는 부분이 무엇인지, 어느 단계에서 막막함을 느낄 수 있고, 그것을 어떻게 해결할 수 있는지도 담았다.

7단계

123D디자인으로 간단한 디자인 제품 만들기

일러스트레이터를 이용하여 텍스트나 간단한 실루엣을 3D 형태로 만들면 간단하게 디자인을 완성할 수 있다. 글자를 3D 형태로 만드는 것은

3D 형태의 글자를 이용하여 다양한 디자인 제품의 제작이 가능하다.

가장 기본이 되는 방법이며 빠른 시간 안에 결과물을 만들어낼 수 있어 효과적이다. 최근에 제공되는 마야, 3D 맥스, 123D 캐치 등에서도 텍스트를 지원하지만 일러스트를 사용하면 자신의 기존 디자인을 사용할 수 있다는 장점이 있다. 일러스트레이션의 안정성 또한 결과물을 손쉽게 만들어내는 데 도움이 된다.

여기에서는 일러스트레이터에서 원하는 작업을 진행하고 작업한 로고를 3D 파일로 만드는 과정을 직접 보여줄 것이다. 이 과정에 필요한 프로그램은 일러스트레이터 CS 6, 123D 디자인이다. 123D 디자인은 http://www.123dapp.com/design-alt에서 다운로드할 수 있다. 작업 과정은 다음과 같다.

- 무엇을 만들지 기획하기
- 일러스트레이터에서 2D SGV 파일 생성하기
- 123D 디자인에서 SGV 파일을 불러들여서 3D 파일로 만들기
- 3D 프린터로 출력하기

무엇을 만들지 기획하기

나는 로고를 이용하여 무엇인가 기능적인 것을 만들어야겠다고 생각했다. 책상 위에 올려놓는 명패 개념에 기능적인 요소를 가미하고, 거기에 장난감 같은 느낌을 더한 디자인 상품을 기획했다. 작업에 착수하기

구글에서 사무용품을 검색하면 다양한 디자인 제품들을 발견할 수 있다.

전 리서치는 필수다. 이미 내가 생각한 아이디어가 상품으로 나와 있지는 않은지, 혹은 내 아이디어를 더 발전시킬 수 있는 발상을 얻을 수는 없을지 찾아보는 것이다.

모델링 하기 전에 실용성과 디자인 요소를 함께 갖춘 이미지를 찾아보았다. 그리고 리서치한 이미지를 바탕으로 새로운 느낌의 디자인 방향을 설정했다. 자료들을 통해 로고에 실용성을 담을 수는 없을지, 실용적인 부분을 합한다면 어떤 기능을 넣을지 등을 고려할 수 있었다.

일러스트레이터에서 2D AI 파일 작업하기

여기서 로고로 사용할 글자는 JJJUN이다. 이 글자를 그대로 세워서 입체로 만든다고 상상해보라. 글자의 속을 비우고 연필을 꽂는 사무용품이나 꽃을 꽂아 책상의 분위기를 환기시킬 수 있는 디자인 용품을 만들 것이다. 간단한 모델링 과정 뒤에 탄생할 결과물은 앞서 나온 141쪽의 제품이다.

3D 모델링 작업 전에 먼저 일러스트레이션으로 모델링 작업에 필요한 텍스트 파일을 만들 것이다.

1
[File-New] 경로로 새 문서 (150mm x 250mm)를 열고, 도구 모음에서 텍스트(T)를 선택하여 일러스트레이션으로 글자를 타이핑한다. JJJUN이라는 글자를 타이핑했다. 심심한 느낌을 줄이기 위해 글자 크기에 변화를 주어 디자인했다. 다른 글자로 시도해봐도 좋다. 폰트는 애리얼 레귤러(Arial Regular), 크기는 각각 150포인트, 100포인트로 설정했다.

2
도구 모음에서 선택 도구(검은 화살표)를 선택하고 타이핑한 글자를 클릭한다. 그러고 나서 마우스 오른쪽 클릭을 하면 서브메뉴가 나타난다. 여기에서 외곽선 생성하기(Create Outline)를 실행한다. 글자의 외곽선만 따로 생성하는 것이다.

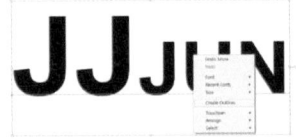

3

메뉴 탭에서 [File-Save as]를 선택하여 SVG 확장자로 저장한다. 저장할 때 SVG 세팅 값은 다음과 같이 설정한다.

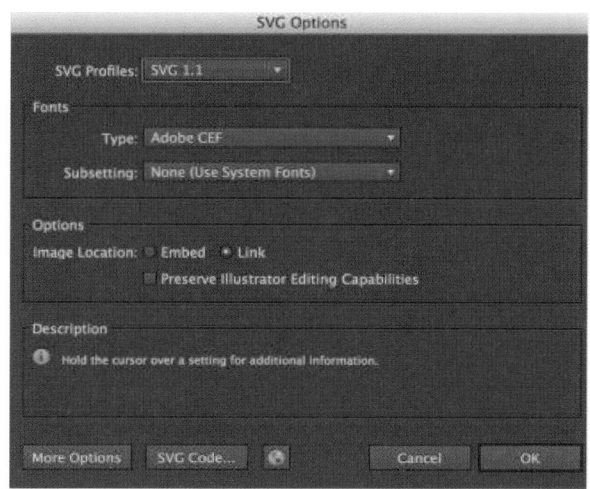

일러스트레이션을 이용한 작업은 끝났다. 이제 123D 디자인을 이용하여 본격적으로 모델링 파일을 만들 것이다. 이 과정은 2D파일에 두께를 주어 3D 형태로 만들기, 세우기, 간격 조정하여 물체 속 비우기로 간략화 할 수 있다.

모델링 작업에 사용할 소프트웨어는 123D 디자인이다. 앞서 소개했던 것과 같이 123D 디자인이 모델링의 기본 과정과 사용법을 익히기에 매우 적합하기 때문이다. 글자를 3D 형태로 만드는 작업은 단순하기 때문에 123D 디자인에 있는 기능만으로도 충분히 3D 프린트용 디자인을 만들 수 있다.

123D 디자인으로 만드는 쉽고 간단한 모델링

1
123D 디자인을 열고, 왼쪽 상단 메뉴 바에서 [Import SVG-Add Sketch]를 선택하여 작업한 SVG 파일을 불러온다.

2
파일을 연 다음, 상단 도구 모음에서 컨스트럭트(Construct)에 커서를 대면 서브메뉴가 나타날 것이다. 여기서 익스트루드(Extrude)를 선택한다. 텍스트를 압출하는 과정이다.

3

익스트루드를 클릭하고, 글자를 하나 클릭하면 두께를 설정할 수 있는 작은 창이 나온다. 여기서는 30mm를 입력했다. [Construct-Extrude] ⇨ 글자 클릭 ⇨ 두께 설정 과정'을 반복하여 모든 글자의 금형 과정을 마친다.

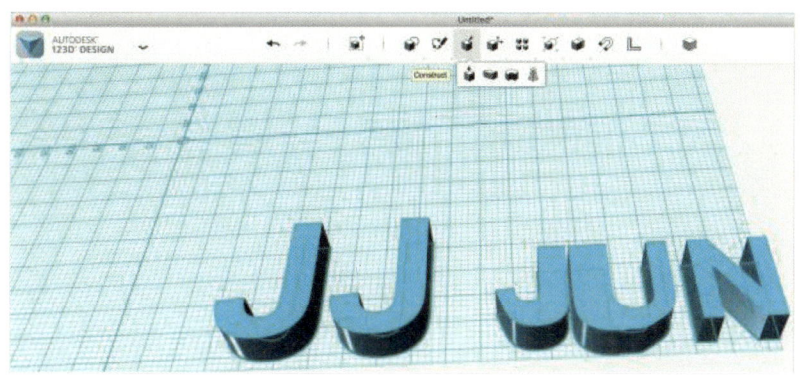

4

로고를 입체적으로 만들었으면, 상단 도구 모음에서 [Transform-Move]를 클릭하고, 글자를 모두 선택한다. 그러면 그림과 같이 물체의 각도와 위치를 조절할 수 있는 매니퓰레이터(manipulator)가 생긴다. 여기에는 X, Y, Z 각 축의 방향으로 물체 위치를 조정할 수 있는 세 개의 화살표와 각 축을 중심으로 물체를 회전시킬 수 있는 원 세 개, 그리고 아무 방향으로나 움직일 수 있는 중심원이 있다. 매니퓰레이터가 더 잘 보이도록 마우스 오른쪽 버튼을 누른 채 마우스를 움직여서 화면을 회전시켜보자.

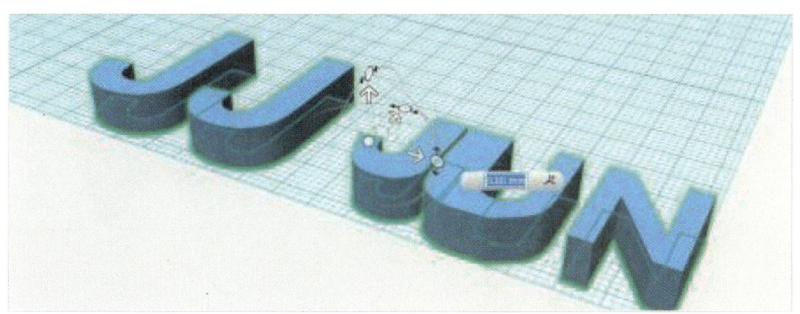

5

이 중에서 X축을 중심으로 회전하는 원을 사용할 것이다. 지금은 원이 희미하게 반 정도만 표시가 되어 있다. 해당 원에서 검은 화살표 두 개가 양쪽에 붙어 있는 작은 동그라미를 클릭한다. 그러면 해당 원이 완전하게 드러나면서 눈금이 생긴다. 이제 각도 입력창에 90도를 써 넣는다. 또는 마우스를 클릭한 채로 드래그를 하여 직접 90도까지 회전시킬 수도 있다.

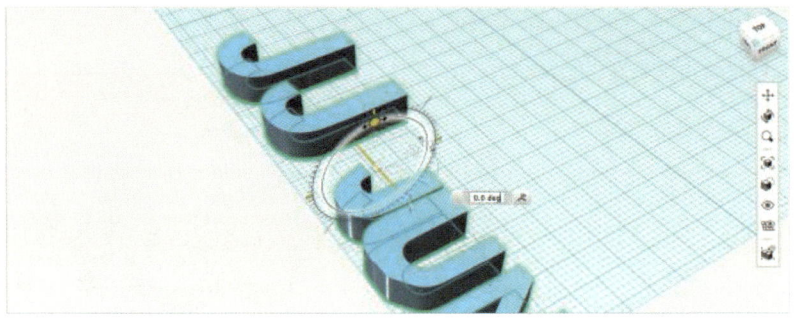

6

두 개의 J에 홈을 만들기 위해 기둥보다 작은 직육면체를 만든다. 상단의 프리머티브(primitive) 메뉴에서 박스(box)를 선택한다.

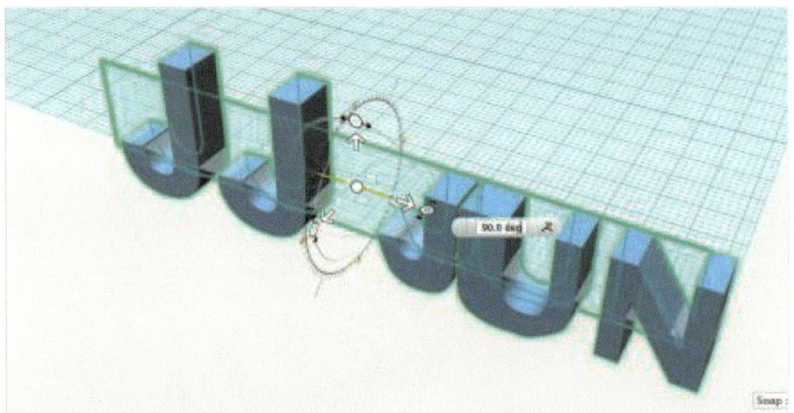

7

이제 마우스 커서에 정육면체가 겹쳐 보일 것이다. 화면 하단에는 정육면체의 크기를 입력할 수 있는 창이 나오는데, 세로(Length) 18, 가로(Width) 22, 높이(Height) 60을 입력한다. 그 다음에 커서를 첫 번째 J의 위로 가져가서 클릭한다. 두 번째 J에도 똑같이 한다.

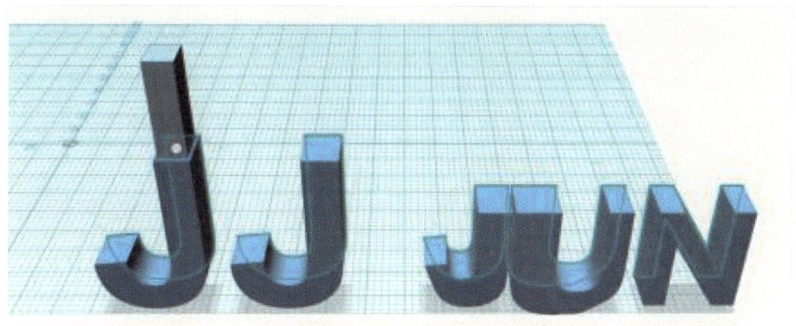

8

이제 두 직육면체를 J와 겹치게 이동시킬 것이다. 상단 도구 모음의 무브(Move)를 클릭한 다음 두 직육면체를 연이어 선택한다. 매니퓰레이터가 나오면 Z축 방향의 화살표를 클릭한 채 드래그하여 30mm 아래로 움직인다. 또는 입력창에 -30mm를 입력하고 엔터를 누른다.

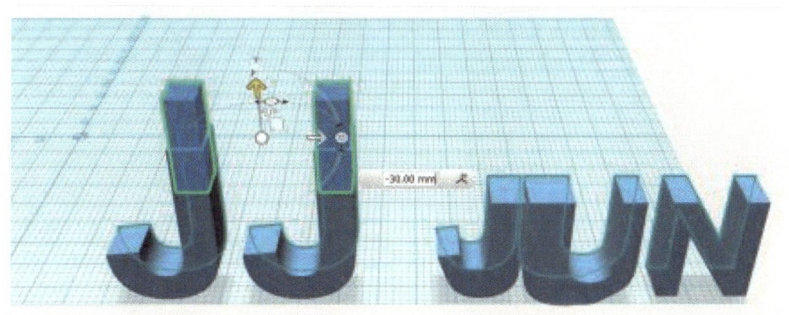

9

이제 J에서 직육면체를 삭제하여 홈을 완성할 것이다. 연필이나 다른 물건을 꽂을 수 있는 공간이다. 상단 도구 모음에서 [Combine-Subtract]를 실행한다. 이때 타깃 솔리드 메시(Target solid mesh)와 소스 솔리드 메시(Source solide mesh)를 선택할 수 있는 버튼이 나타난다. 타깃(Target)은 본체, 소스(Source)는 뺄 것이라고 생각하면 된다. 처음에는 타깃 솔리드 메시 버튼이 먼저 선택되어 있다. 그러므로 본체인 J를 먼저 클릭한다. 곧바로 소스 솔리드 메시 버튼이 진하게 표시될 것이다. 그러면 직육면체를 클릭하고 엔터를 누른다. 두 번째 J에도 같은 과정을 반복한다. 형태를 구현하는 설계 과정은 끝난 셈이다.

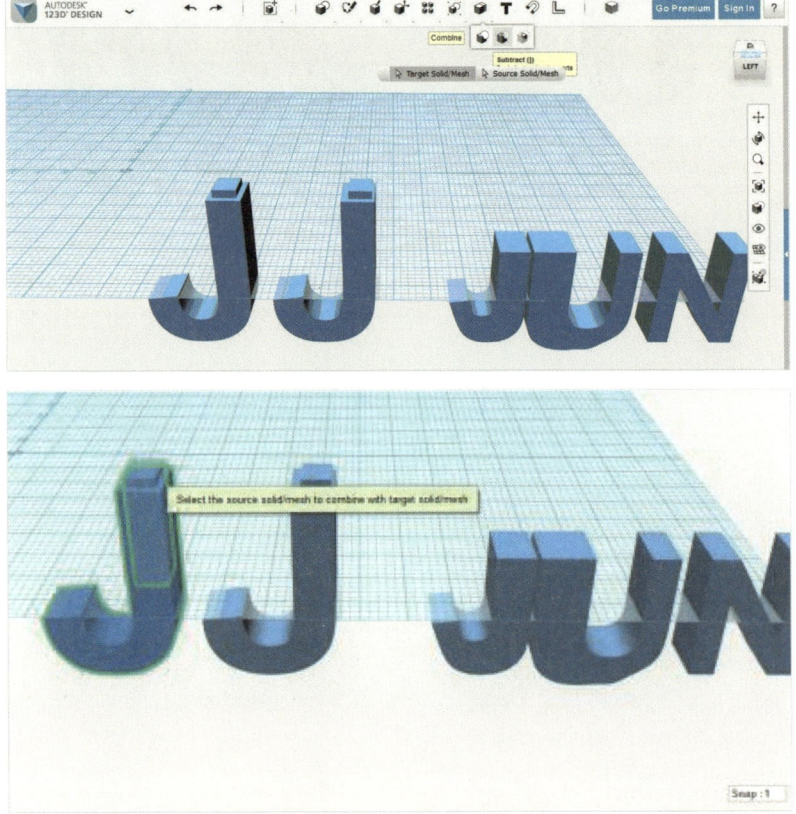

10

잠깐, 아직 스케치한 밑그림이 남아 있다. 그런데 물체와 겹쳐 있어 밑그림만 선택하여 삭제하기가 어렵다. 오른쪽 메뉴 바에서 눈 모양을 클릭하면 원하는 것만 보이게 하거나 안 보이게 할 수 있다. 밑그림만 나타내기 위해 하이드 솔리드/메시즈(Hide solid/meshes)를 클릭한다.

11

3D 글자들이 사라지고 밑그림만 나타났다. 드래그로 밑그림을 전체 선택한 후 삭제(Delete) 키를 눌러 지운다.

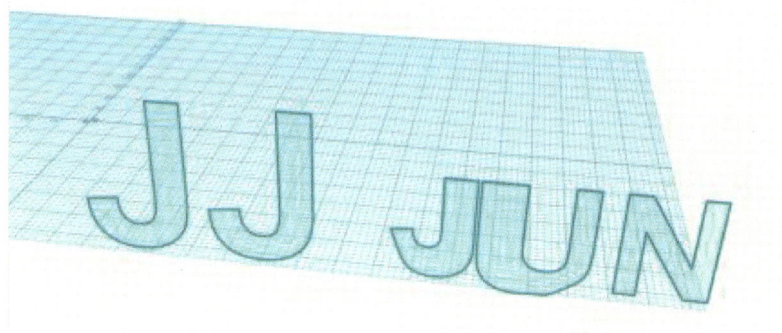

12
다시 오른쪽 메뉴에서 쇼 솔리드/메시즈(Show solids/Meshes)를 클릭한다. 글자가 3D 파일로 완벽히 바뀌었다. 이제 프린트할 단계만 남았다.

3D 프린터, 도대체 어떻게 출력되는 것일까?

3D 프린터는 어떻게 작동하는가? 출력 전에 이 과정을 짚어볼 필요가 있다. 실제로 프린터를 사용하기까지 어떤 단계들이 있는지 전체 과정을 살펴보자. 3D 프린터는 3D 모델링 파일을 XYZ 축으로 움직이는 노즐을 이용하여 출력한다. 노즐에서 나온 필라멘트가 한 층 한 층 쌓이며 결과물이 생성되는 것이다. 어떤 방식의 프린터이든 이 과정은 똑같다. 액체 원료를 사용하든 금속 재료를 사용하든, 재료를 쌓아가는 형식이기 때문에 모든 3D 프린터의 결과물에는 결이 생성된다. 가격이 비싸면 비쌀수

록 그 결이 잘 보이지 않고 표면이 매끈하다. 그러므로 프린터의 품질을 나타내는 중요한 요소는 출력물의 표면이라고 할 수 있다.

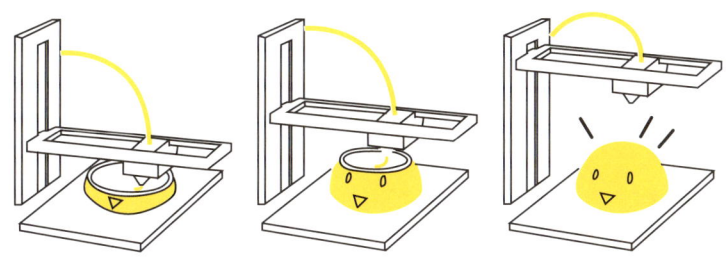

노즐에서 재료가 나오면서 바닥 부분부터 물체의 모양대로 만들어간다.

앞서 간접적으로 3D 프린팅 과정을 설명했는데, 그 과정을 도식화하면 다음과 같다.

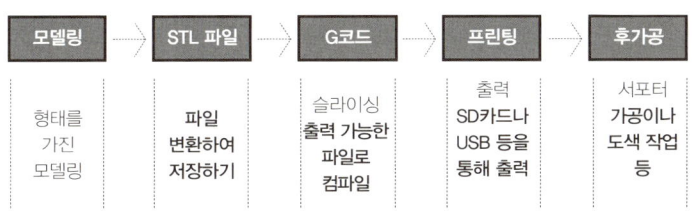

3D 프린팅 출력 과정.

3D 프린팅 과정을 간략화하면 다섯 단계로 말할 수 있다. 1단계, 형태를 가진 3D 모델링 파일 만들기, 2단계 출력 가능한 STL 파일로 변환하

기, 3단계 3D 프린터가 인식할 수 있는 G코드 생성하기흔히 이 단계는 슬라이싱이라고도 한다, 4단계 출력하기, 5단계 완성도 있는 작품을 위해 도색 등 후가공하기이다.

모델링

3D 소프트웨어를 이용하여 부피를 가진 물체를 만들어내는 과정이다. 6단계에서 소개한 것과 같이 어떤 소프트웨어를 사용해도 좋지만, 보다 상업성 있고 정교한 제품을 만들고자 하는 욕심이 있다면 캐드 소프트웨어를 사용하는 것을 권한다.

단순한 로케트 모형 조명 디자인이지만, 전문 소프트웨어 사용 시 보다 섬세하게 디자인될 수도 있다.

STL 파일 만들기

모델링이 끝난 후 3D 프린팅 전용 파일 포맷인 STL 파일로 변환이 필요하다. 소프트웨어마다 있는 추출하기Export라는 기능을 이용하여 STL 파일로 저장한다.

G코드 생성하기

STL 파일을 다시 3D 프린터가 이해할 수 있는 방식으로 변환해야 한다. G코드로 변환하는 소프트웨어로는 큐라Cura, 슬라이서Slic3r, 키슬라이서Kisslicer, 메이크웨어makerware 등이 있다. 이 소프트웨어 중 하나를 실행한 후 STL 파일을 불러들인다. 적당한 위치와 각도 및 세팅 값을 조정한 후 G코드로 저장한다. 위치와 각도, 세팅 값은 프린팅 전에 꼭 확인해야 하는 부분이기에 10단계에서 별도로 자세히 설명했다.

3D 프린팅 할 때는 반드시 데이터를 G코드로 변환해주어야 한다.

출력하기

컴퓨터에서 G코드를 메모리카드나 USB케이블을 통해서 3D 프린터에 보내서 출력을 시작할 수 있다.

G코드 파일이어야 이처럼 정상적인 3D 프린팅 출력물을 만들어낼 수 있다.

후가공하기

출력 후에 매끈하지 못한 부분을 다시 처리하여 매끄럽게 하거나 스프레이로 색칠하는 것을 말한다. 이 과정에는 사포로 겉면을 매끈하게 다듬거나 약품을 사용한 후가공, 스프레이로 도색하기 등 다양한 방법이 있다.

'후가공'이나 'G코드 생성하기'와 '출력하기'는 출력 전후에 반드시 꼼

사람의 이름을 3D 프린팅을 이용하여 시각화해보았다. 단순한 명함이나 로고를 3D로 제작한 것을 넘어서서 여기에 미니 화분 기능을 추가한 독특한 로고가 탄생했다.

꼼하게 챙겨야 할 부분이므로 10단계 '창업 전에 실제로 출력하라' 부분에서 심도 있게 다루고 있다. 백 마디 말보다 한 번의 실행이 이해에 더 도움이 될 때가 있다. 3D 프린터를 이용한 창업을 꿈꾸고 있다면, 아이디어 연구뿐만 아니라 여러 번 다양한 시도를 통해 3D 프린터를 연구하는 자세도 필요하다.

아이디어를 위한 아이디어

　대외적인 일을 하는 사람이라면 자신이 상대방에게 기억되기를 원한다. 처음 명함의 역할은 기본적인 정보를 서로 주고받는 데 있었지만, '기억에 남는 이미지'가 중요해진 뒤로는 남과 다른 명함이 조금씩 각광받고 있다. 3D 프린터가 보급되면서 그런 명함의 개발은 전과는 다른 양상을 띠고 있다. 상대방에게 오래 기억될 수 있는 3D 디자인 명함이 등장하고 있는 것이다. 이때 단순한 명함이 아니라 3D 프린팅만의 특성을 이용하면 자신만의 명함 또는 상품성 있는 명함을 만들어낼 수 있다. 글자 및

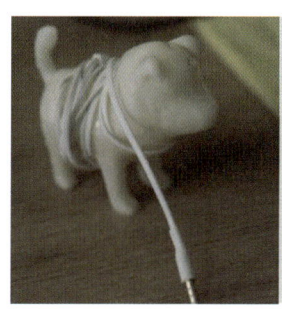

동물을 이용한 이어폰 홀더 작품.
이름이나 전화 번호를 넣으면 명함 대용으로 가능하다.

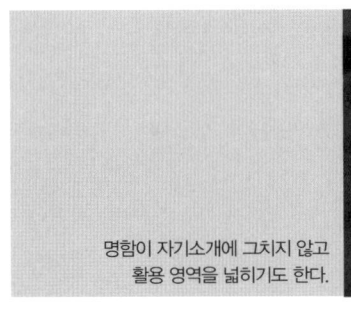

명함이 자기소개에 그치지 않고 활용 영역을 넓히기도 한다.

로고에 명함 기능 외에 명패나 미니 화분, 문진 같은 요소를 추가하여 그 사람만의 색깔을 표현하는 것이다.

   대부분의 사람들은 명함을 받게 되면 거의 대부분 간직하지 않는다. 그러나 이렇게 실제로 사용할 수 있는 물건 또는 명패에 선물한 사람의 이름과 연락처를 적어놓는 것은 받는 사람의 마음을 따뜻하게 만든다. 또한 계속 기념품으로 소장할 수 있기 때문에 매우 의미 있는 선물 또는 비즈니스 아이템이 될 수 있다.

8단계

3D 프린터의 스테디 아이템 피규어 만들기

3D 프린터의 대세는 디자인이다

　다양한 업종에서 3D 프린터를 활용한 사업이 진행되고 있지만 시장 규모가 가장 크고 부가가치도 제일 높은 사업은 3D 프린팅 디자인 제품 시장일 것이다. 현재 디자인 상품이 강세인 것과 마찬가지다. 앞으로 우리가 보지도 상상하지 못한 것들이 만들어질 것이다. 표면이 매끄러운 완벽한 품질의 제품을 출력할 수 있는 3D 프린터 기계들의 등장 역시 머지 않을 듯하다. 그렇게 되면 차별화된 콘텐츠를 생산하는 능력이 경쟁력이 되는 세상이 된다. 이는 모바일 애플리케이션 시장과 매우 흡사하다. 능력 있는 디자이너들에게 시장은 반드시 열리게 되어 있다.
　디자인 상품의 대표적인 아이템은 바로 피규어다. 피규어의 경우 조금만 괜찮은 포트폴리오를 인터넷에 전시하면 바로 주문이 들어올 만큼 시

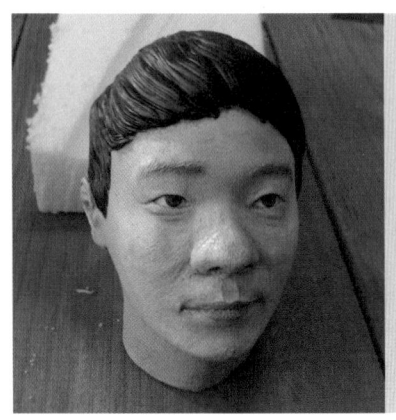

실제 인물을 3D 프린터로 상품화하는 아이템은 꾸준한 인기를 끌고 있다.

장의 수요가 강렬하다. 이때 중요한 것은 디자인 능력과 비즈니스 능력이다.

　디자인 능력이란 최근 트렌드에 맞게 소비자들의 눈을 사로잡을 수 있는 제품을 생산하는 능력이고 비즈니스 능력은 브랜딩 및 유통 전략을 세우고 효과적으로 제품과 브랜드를 홍보하는 능력을 의미한다. 디자인 제품의 파이는 상상을 초월한다. 그런데 그 파이를 더 키울 수 있는 한 가지 조건이 있다. 바로 해외시장을 내다보는 것이다.

　디자인 관련 사업을 시작할 때쯤 나는 해외 유명 웹사이트에 '나'를 홍보하는 데 주력했다. 여러 해외 유명 사이트에서 다른 사람들의 글을 보고 정보를 얻으면서, 내 생각과 방향이 일치되는 글을 발견하면, 개인적인 견해와 함께 나를 소개하는 코멘트를 남기기도 했다. 일정 기간 동안 꾸준히 홍보를 하니 웹상의 인지도가 높아지며 하나둘씩 조심스레 주문이 들어왔다. 나 스스로도 블로그를 통한 활동을 꾸준히 했던 덕분이지만, 무엇보다도 국내 시장만 바라보는 것이 아니라 해외까지도 내가 진출

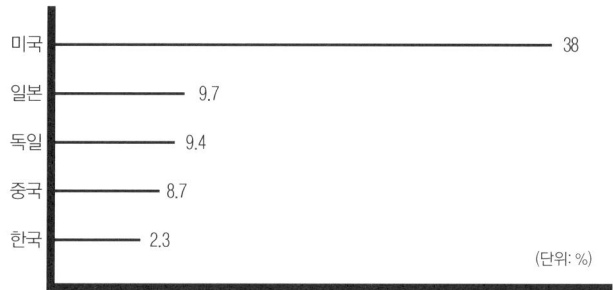

각 나라별 3D 프린터 시장 점유율. 해외로 눈을 돌리면 시장은 커진다.
(제공: 월러스 어소시에이츠, 2012)

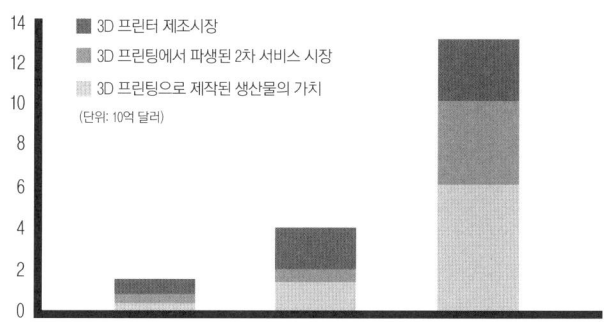

3D 프린터 시장 성장 추이. 3D 프린팅 시장은 점차 확장되고 있으며,
기술 개발이 임계점을 넘는 순간 폭발적인 성장을 보여줄 것이다.
(제공: 월러스 어소시에이츠, 2012)

할 수 있는 시장으로 내다보고 아울러 활동한 결과였을 것이다.

그러나 주문이 들어오기 시작한 것으로 상황이 술술 잘 풀린 것은 아니었다. 몇 번의 시행착오도 겪었다. 주문이 들어오고 만드는 건 생각보다 크게 고민되지 않았는데, 현실적인 문제가 하나 걸려 있었다. 바로 적정한 가격 책정이다. 일례로, 피규어 주문을 받았을 때 적정 가격에 대해

감을 잡을 수 없어 주문 관리가 안 되기도 했다. 당시 나는 시세를 그리 잘 아는 편도 아니었고, 피규어 가격에 대한 지식도 많지 않았기에, 12센티미터 피규어 인형에 150달러라는 값을 책정했다. 결과는 연락두절이었다. 기회를 놓친 것이라면 놓친 것이었지만, 150달러가 높은 가격이라는 지식을 얻은 셈이니, 다음에는 50달러로 가격을 붙여보았다. 그랬더니 귀찮을 정도로 주문이 많이 들어와 일정과 퀄리티를 담보하며 작업할 수 없는 환경이 되었다. 최종적으로 낙점된 가격이 80~90달러 정도다. 나는 3D 프린터 초기 시장에서 가격을 이렇게도 해보고 저렇게도 해보며 다양한 시도를 해볼 수 있었지만, 독자들에게는 자신이 진출하려는 분야에 대한 세심한 조사를 권하고 싶다. 잠자고 있던 3D 프린터의 공급과 수요는 이제 곧 잠재력이 터지듯 폭발적으로 성장할 것이기 때문이다.

해외 시장에 눈을 돌려라

해외 클라이언트와 일할 때에 반드시 주의할 점이 있다. 절대 거짓을 얘기해서는 안 된다는 점이다. 물론 국내 클라이언트와 거래를 할 때도 해당되는 사항이지만, 해외 클라이언트의 경우 우리가 사소하다고 여기고 넘어가는 부분에서도 진실성을 의심하여 관계가 틀어질 수 있다. 그러므로 진정성을 갖고 의뢰에 임해야 한다. 잘못되었지만 사소하게 여기고 넘기는 부분, 별 것 아닌 거짓말이라고 생각하고 속이고 지나가는 부분들은 반드시 탄로가 나게 되어 있다. 그 이후에 나를 충실히 믿어주고, 내 제

미리 제품을 만들면서 포트폴리오를 만들어두는 것도 중요하다.

품의 가치를 알아주던 고객이 다시는 제품을 찾지 않게 되는 일이 반드시 발생한다. 아주 작은 약속에도 성심성의껏 진행하는 자세가 필요하다.

  국내 시장은 아직 그렇게 크지 않지만 계속 성장하고 있다. 그러나 해외에는 국내 시장과 비교할 수 없을 만큼 어마어마하게 큰 시장이 있다는 것을 기억해야 한다. 해외 시장도 내 시장으로 삼을 수 있다는 것은 수익에 대한 든든한 버팀목이 된다. 곁다리 이야기 같지만, 비슷한 선상에서 내 수업을 수강하는 수강생들에게도 영어 능력을 좀 더 키울 것을 늘 당부하고 있다. 판매를 위한 준비이기도 하고, 3D 프린터를 활용하는 팁을 얻거나 지식을 늘리는 데 필요한 레퍼런스가 해외에 더 다양하게 포진되어 있기 때문이다. 대표적으로 유튜브에 올라오는 새로운 3D 프린팅 정보나 3D 프린트에 필요한 대다수 소프트웨어 역시 영어를 기초로 하고 있다. 3D 프린터의 세계는 요령만으로는 헤쳐 나갈 수 없는 부분이 크다. 더 많이 아는 사람이 유리한 고지를 점하고 시작하는 것이다.

실제로 거래되는 피규어.

여기에 국내 시장에서 디자인이 직면하는 어려움도 해외 시장 진출의 한 이유가 된다. 지적 재산권이나 저작권 등을 보호받기가 쉽지 않기 때문이다. 외국에도 비슷한 문제들이 발생하지만, 국내를 주요 시장으로 보고 있다면, 오랜 시간이 걸리더라도 아이디어를 특허에 등록한 후 순차적이고 합법적으로 일을 진행하는 것을 권한다.

3D 프린팅 디자인의 대표 아이템, 피규어

7단계에서 글자를 출력하는 과정을 배우면서 2D 파일에서 3D 파일로 변환, 그리고 3D 오브젝트 모델링 과정과 출력까지의 흐름을 익혔다. 여기까지 잘 따라왔다면, 이제 더 정교한 출력물 오브젝트를 만들고 싶어졌을 것이다. 8단계는 초급 단계를 서둘러 익히고 나만의 아이디어가 반영된 출력물을 시험하고 싶은 독자에게 적합한 장이다. 도형에 한정된 단순

오바마 대통령을 본뜬 전신 피규어.

한 디자인은 컨셉이 흥미롭지 않다면 만드는 이에게도, 구매자 입장에서도 매력적이지 않다. 단계가 갑자기 껑충 뛴 느낌으로, 다소 어려운 아이템이라고 생각될 수도 있겠지만, 여기서는 보다 복잡하고 세심한 작업을 요하는 오브젝트를 만들어보고자 한다. 여기서 출력할 오브젝트는 바로 피규어다.

중세에는 어른과 어린이의 구분하는 기준 자체가 없었기 때문에 어른도 인형을 갖고 놀았다고 한다. 인형을 사랑하는 어른들, '호모 돌리안스 homo Dollians'가 인터넷 공간에서 자신만의 공간을 키워가고 있다. 이들의 연령대나 직업군은 2, 30대 대학생, 교사, 웹 디자이너, 일러스트레이터 등으로 폭이 넓고, 그중 특히 예술적인 성향을 가진 사람들이 많다. 인터넷으로 자신의 작품을 공유하고 공감하는 인형, 피규어는 21세기 디지털 시대의 새로운 놀이 문화다 동아일보 2003.5.1.

피규어 영역은 현재까지는 클레이를 이용한 수작업으로 이루어졌다. 그러나 3D 프린터의 등장이 누구나 피규어를 제작할 수 있는 환경으로

스캐너를 이용한 모델링하고 출력한 피규어.

시장을 바꾸고 있다. 수작업에 들어간 공과 피규어의 정교함 등으로 매겨지던 가격은 이제 그 가치 기준이 다르게 적용될 가능성이 높다.

현재 시장에는 고가의 스캐너와 3D 프린터를 이용하여 피규어를 만들어주는 서비스를 제공하는 업체가 계속 생겨나고 있다. 주로 15만 원에서 100만 원 사이의 가격으로 시장이 형성되어 있다. 이는 기술이나 노동, 디자인 비용이라기보다는 비싼 기계 운용비라고 볼 수 있다.

3D 프린터를 활용했을 때 가장 큰 차이는 기존 방식으로 생산하는 것보다 훨씬 빨리 작업할 수 있다는 것인데, 예를 들어, 전신 피규어를 만든다고 했을 때, 한 번 사용했던 3D 모델링을 수정하여 사용한다는 것이다. 몸체의 형태, 길이, 디테일한 포즈에 이르기까지 초반 작업에 드는 수고가 훨씬 더 줄어드는 셈이다. 이렇게 데이터가 계속 쌓이면 매우 효율적인 시스템을 구축할 수 있다. 아직 전통적인 방법을 고수하고 있는 사람들도 여러 가지 과정을 거쳐 결국에는 대부분 3D 프린터로 피규어를 생산하게 될 것이라는 것이 전문가들의 전망이다.

나도 피규어처럼 복잡한 상품을 만들 수 있을까?

피규어를 디자인할 때 중요한 요소 중 하나는 정확한 참고자료를 확보하는 일이다. 실제 인물을 피규어로 제작하기 위해서는 다양한 각도에서 찍은 의뢰인의 사진이 필요하다. 피규어 제작 사업을 운영할 때 나는 디자인하기 전에 인물의 정면 사진과 측면 사진을 확보하여 여러 번 스케치한 다음, 모델링 과정에 들어갔다. 여기서 공을 들여야 할 것은 바로 스케치 과정이다. 스케치가 정교해야 결과물도 만족스럽게 나오기 때문이다. 머릿속으로만 디자인을 잡은 다음에 모델링에 들어갈 경우, 아무래도 시행착오가 많아진다. 그렇게 되면 반복된 수정 작업으로 인해 자연히 작업 기간도 길어지게 마련이다.

완성도와 시간의 절감. 이 두 가지를 고려할 때 스케치 작업은 3D 프린팅 과정에서 빠질 수 없는 중요한 축을 담당하고 있다. 실제 이 작업은 오랜 시간이 걸리고 얼굴이나 몸체를 백지 상태에서부터 모델링 작업하려면 전문가 수준의 모델링 감각이 필요하다. 여기서는 쉽게 피규어를 만들어볼 수 있는 템플릿 소프트웨어를 이용해보고자 한다. 그러면 피규어 모델링 과정은 다음과 같이 간략해진다.

- 다즈 스튜디오를 이용한 몸체 모델링
- Z브러시 Zbrush를 이용한 얼굴 모델링
- 마무리 작업으로 완성도 높이기

다즈 스튜디오를 이용한 몸체 모델링

피규어의 몸체는 보통 마야로 작업을 했지만, 최근에는 짧은 시간에 효율적으로 작업할 수 있는 프로그램을 이용한다. 다즈 스튜디오 DAZ studio 는 이 세상에 존재하는 거의 대다수 피규어 캐릭터의 몸과 얼굴, 의상, 포즈, 기타 액세서리, 동물 모형 등을 판매한다. 여성, 남성의 몸 그리고 기본 의상과 기본 포즈가 무료로 내장되어 있다. 다즈 스튜디오만 있으면 신체의 어떠한 자세라도 만들어낼 수가 있다. 매우 유용한 툴이기 때문에 피규어를 하는 사람이라면 필수적으로 알아야 할 무료 소프트웨어다.

다즈 스튜디오는 http://www.dazstudio.com에서 무료로 다운로드할 수 있다. 앞서 언급했듯 다즈 스튜디오 소프트웨어 안에 여성과 남성 아이의 몸 모델링이 제공되어 있으며 제어 콘트롤을 이용하여 자유롭게 내

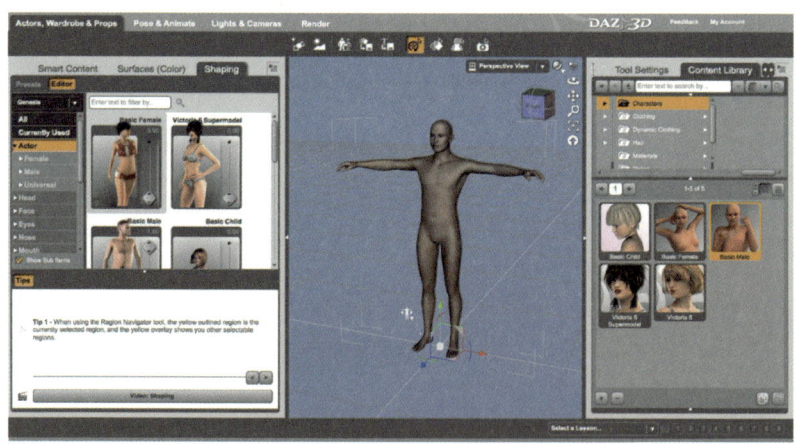

다즈 스튜디오에는 다양한 인체 포즈 샘플이 내장되어 있다.

가 원하는 자세를 만들 수 있다. 기본적인 샘플 의상도 소프트웨어 안에 내장되어 있다. 다양한 의상이나 자세 또는 캐릭터를 원할 때는 웹사이트에서 별도 구입이 가능하다. 여성캐릭터를 만들면서 다즈 스튜디오를 더 자세히 알아보자.

다즈 스튜디오에서 여성 캐릭터 만들어보기

1
다즈 스튜디오 4.5를 실행하면 다음과 같은 초기 화면으로 이동한다.

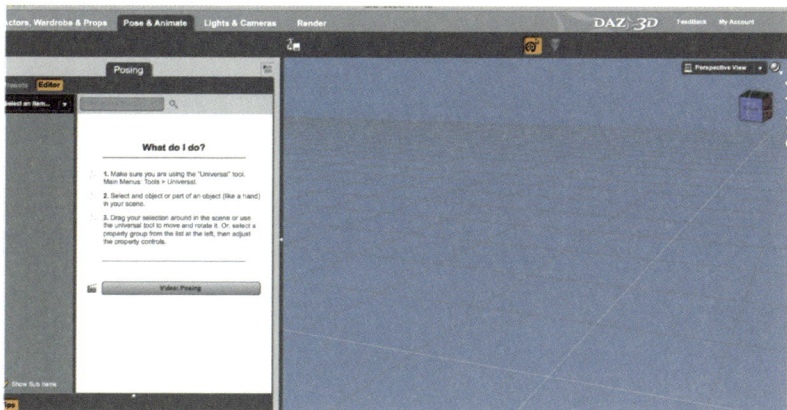

2
메인 액터, 워드롭스 앤드 프롭스(Main Actor,Wardrops&Props) 탭을 선택한 다음에 화면 오른쪽에 2번이라 표시한 스크롤 바를 맨 왼쪽으로 이동시킨다. 그러면 다즈 스튜디오 포맷(DAZ studio format)이 보일 것이다.

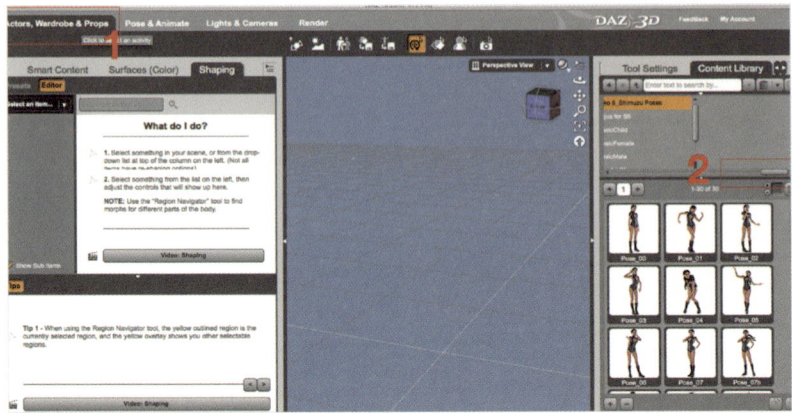

3
아래 화면과 같이 오른쪽에 콘텐츠 라이브러리에서 마이 다즈 라이브러리(My DAZ Library)를 선택한 뒤 피플(People) 폴더 ⇨ 제네시스 2 여성(Genesis 2 female)을 선택한다. 거기에서 여자 캐릭터를 클릭하면 여자 캐릭터가 자동으로 생성된다.

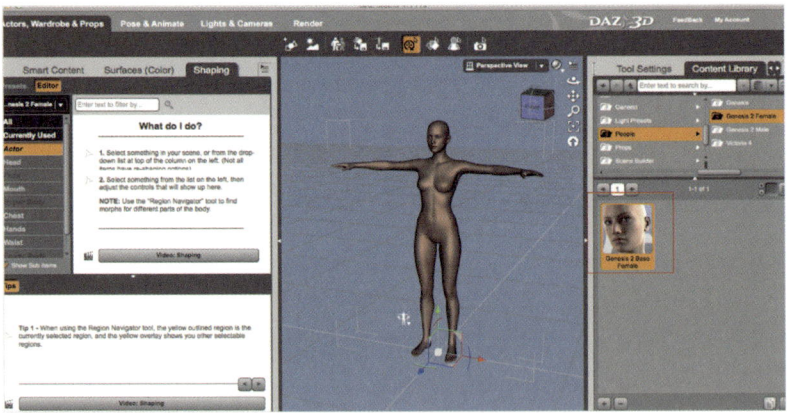

4

몸을 만들었으니 옷을 입을 차례이다. 오른쪽에 콘텐츠 라이브러리에서 제네시스 2 여성 (Genesis 2 female)을 선택하여 옷(clothing)을 선택한다. 베이직 웨어(Basic Wear)에서 속옷을 클릭하면 자동으로 의상이 입혀진다.

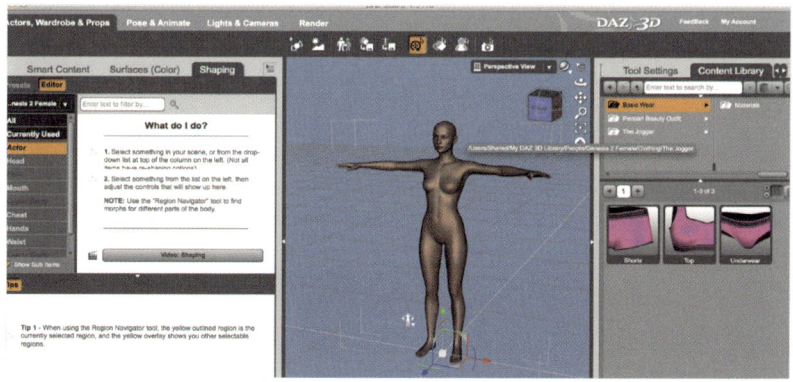

5

몸과 의상이 갖춰졌으니 자세(Pose)를 적용해보자. 콘텐츠 라이브러리의 제네시스 2 여성(Genesis 2 Female)에서 포즈(poses)를 선택한다. 다양한 포즈가 있는데 여기서는 포즈 중 05를 적용한다. 작업 필드 오른쪽 위에 내비게이션 박스를 드래그하여 화면 각도를 바꿔서 적용된 자세한 어떤지 확인한다.

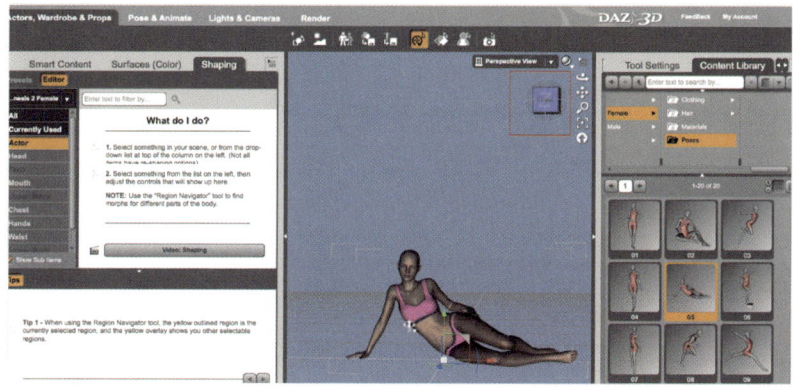

6

이제 지금까지 제작한 내용을 추출해보자. [File-Export]를 선택한다. 그러면 다음과 같은 팝업 창이 나타난다. 확장자 타입은 OBJ로 적한 다음 저장한다.

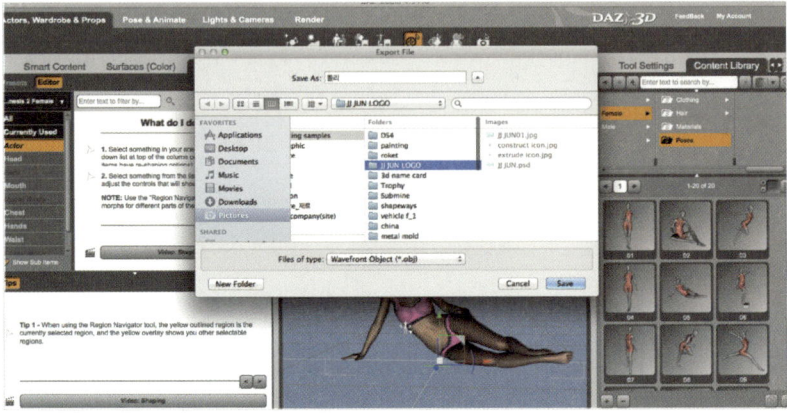

7

저장을 누르면 OBJ 파일의 옵션을 설정하는 창(OBJExportOptions)이 나타난다. 투(To) 부분을 마야로 선택하고 적용한다.

다즈 스튜디오에서 아이템 구매하기

다즈 스튜디오에서는 활용 가능한 템플릿이 다수 구비되어 있기 때문에 형태를 생성하는 과정이 단순한다. 그러나 소프트웨어에 내장되어 있는 것 외에 좀 더 색다른 포즈나 의상, 피규어 모델링 파일이 필요하다면 웹사이트에서 별도로 구매 가능하다. 다즈 스튜디오의 웹사이트에 방문하여 샵Shop 메뉴에서 원하는 카테고리로 들어가 선택하고 결제할 수 있다. 예를 들어, 새로운 여성 캐릭터가 필요하다면, 피플People 카테고리에서 우먼Woman을 선택한 뒤 내 계정에 저장하고 결제하면 구입이 완료된다.

구입한 다음 자신의 다즈 스튜디오를 실행하면 자동으로 다운로드된다. 3D 프린터를 위해 추출할 때는 OBJ 확장자를 선택하면 된다. obj 의 경우 대부분의 소프트웨어에서 작동되기 때문에 많이 사용된다. 무엇보

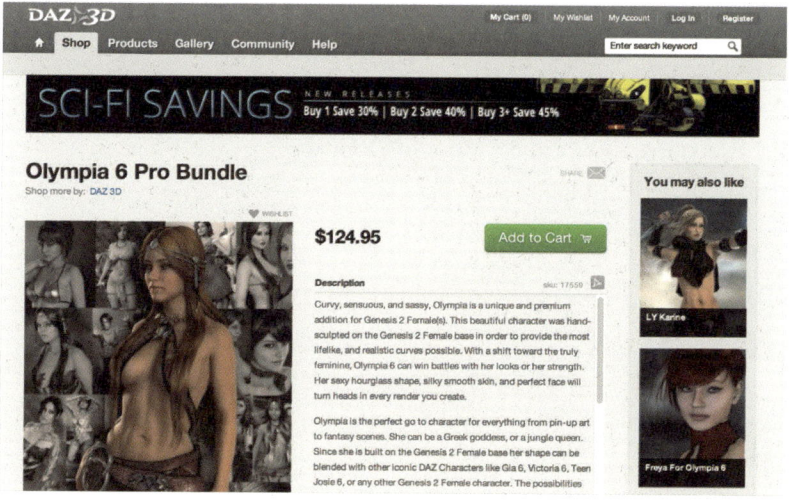

여성 캐릭터 중 올림피아 번들을 선택해 결제를 하면 관련 구성을 다즈 스튜디오 소프트웨어에서 열 수 있다.

다 3D 프린트 디자인, 더군다나 피규어 디자인에서는 하나의 소프트웨어에서 한꺼번에 설계하는 것보다는 여러 소프트웨어의 좋은 기능을 이용하는 것이 효율적이다.

Z브러시를 이용한 얼굴 모델링

얼굴 모델링은 Z브러시Zbrush를 이용한다. 얼굴을 디자인할 때는 정면 사진과 측면 사진을 보고 마치 찰흙으로 조금씩 얼굴을 빚어나가듯이 작업한다. 이때 백지 상태에서 처음부터 새롭게 만들기보다는 기존의 일반적인 얼굴 모형을 활용하여 조금씩 자신이 원하는 얼굴로 다듬어나가는

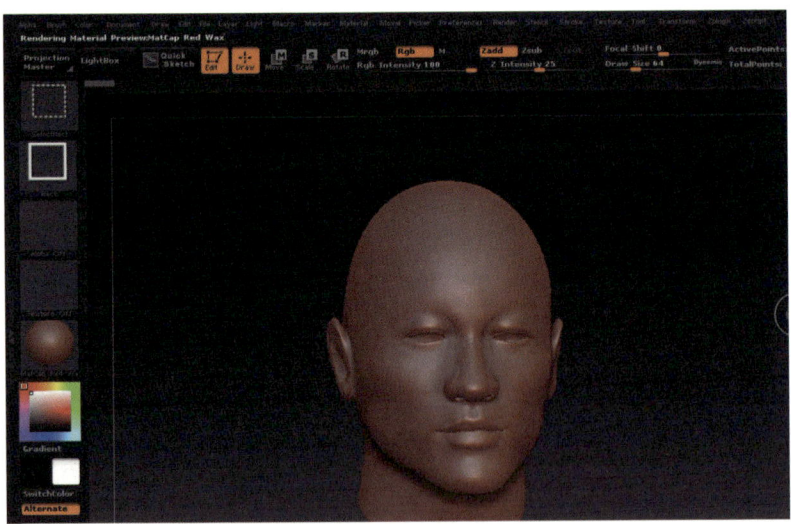

Z브러시에서 기본 얼굴형을 바탕으로 모델링한다.

것이 작업에 수월하다. Z브러시는 간략하게 소개하기 어려운 도구이고, 설명을 시작하면 세세한 부분까지 짚고 넘어가야 하는 면이 있어 분량이 지나치게 방대해진다. 여기서는 Z브러시로 얼굴 형태를 설정할 수 있다는 점만 소개하려 한다. 자세한 사용법이 궁금하다면 http://www.jjjun.com에서 문의가 가능하다.

품질은 마무리 작업에 달려 있다

현재 3D 시스템스에서 나오는 고가의 3D 프린터라면, 자동으로 채색되어서 출력이 되기도 한다. 그러나 메이커봇, 폼원 Form1 등 대다수 대중적인 프린터는 채색이 되지 않는다. 단색 필라멘트가 흰색이면 흰색으로 출력되고, DLP나 SLA의 경우 사용되는 레진의 컬러에 따라 단색으로만 출력되고 있다.

이제부터는 모형을 출력한 후, 단색 오브젝트를 어떻게 채색하는지 설명하려 한다. 여기서는 채색할 오브젝트로 국산 프린터 에디슨으로 출력한 결과물을 사용하였다. 정교한 결과물을 원했으나 출력 과정에서 디테일이 죽었기 때문에 리빙 돌 스컬피 Living Doll Sculpey를 사용했다. 스컬피는 찰흙 같은 개념의 재료라고 여기면 된다. 원하는 부위에 스컬피를 바르고 스컬피를 녹이는 용액 라이터 기름을 살짝 바르면 부드럽게 작업할 수 있다.

헤라라는 툴을 이용하여 입 주변에 스컬피를 바르면서 시작한다. 헤라는 조각할 때 사용하는 도구다.

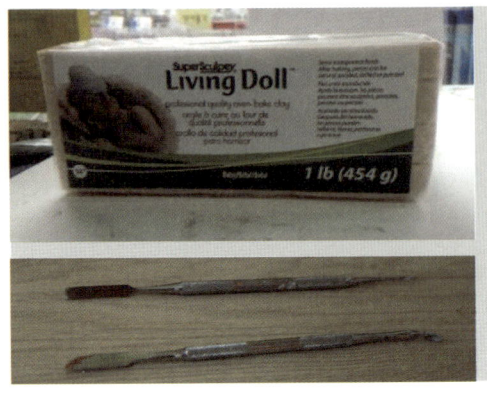

리빙 돌 스컬피. 피규어나 모형 작업에 주로 쓰이는 일종의 찰흙이다.

조각도구인 헤라.

다음 그림에서처럼 스컬피를 얼굴, 입 주변과 광대뼈 주변에 바른다. 입 주변을 좀 더 사실적으로 표현하기 위해 강조해 음영을 주며 채색했다. 헤라를 이용해 코의 디테일을 살려 입체감을 살렸다. 광대뼈, 코와 볼 사이의 윤곽을 좀 더 강조하면 입체감이 더 생생하게 살아난다.

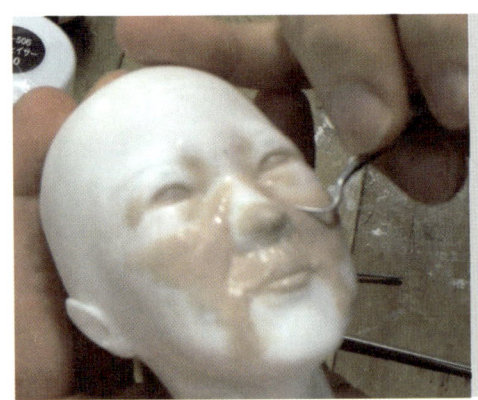

헤라를 이용해 입체감을 살린다.

거친 부분을 좀 더 매끄럽게 표현하기 위해서 라이터 기름, 다시 말해 스컬피 유연제를 붓에 찍어 출력물에 바르면서 표면을 처리한다. 스컬피 유연제를 쓰는 것은 찰흙으로 제품을 만든 후 표면을 매끈하게 하기 위해 물을 바르는 이유와 비슷하다. 스컬피에는 물을 사용하지 않고 라이터 기름과 같은 유연제를 사용한다. 스컬피는 자동으로 굳지 않으므로, 오븐에 넣어 가열해야 단단해진다.

유연제를 발라가며 매끄러운 표면을 완성한다.

퍼티를 이용하여 섬세한 머릿결을 만든다. 처음부터 디테일하게 하지 말고 큰 덩어리를 만들어 기본 형태를 갖추고 기본 머리모양이 완성되면 헤라를 이용하여 디테일한 머리결을 표현한다.

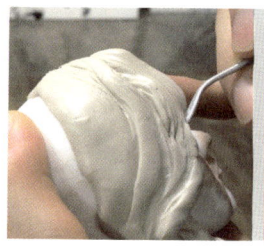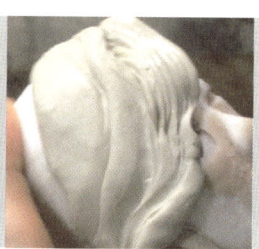

큰 덩어리부터 시작해 조금씩 다듬어 나간다.

머릿결이 완성되면 유화 물감을 이용하여 채색을 준비한다. 얼굴을 채색할 때는 붓으로 쓱쓱 그어서 그려 넣지 말고 한 점 한 점 점을 찍어가며 붓 자국이 남지 않도록 조심스럽게 채색을 완성해 나간다. 유화는 건조 시간이 오래 걸린다. 이점을 잊지 않아야 하며 아크릴과 달리 서로 다른 색끼리 블랜딩이 가능하다. 얼굴 채색이 끝나면 바로 명암 처리를 하여 좀 더 사실적인 느낌을 표현한다.

피규어의 채색 작업에서는 미술계열의 감각을 발휘해야 한다.

입술에 핑크계열로 채색하고 비슷한 컬러를 눈매에 넣어서 사실감을 준다. 머리결의 어두운 부분부터 채색하여 구석진 부분을 완벽히 칠한 후에 전체적으로 채색한다. 채색할 때 명암이 있는 부분을 진하게 표현하면 깊이감이 느껴지고 매우 사실적인 표현을 할 수 있다.

이 단계까지 마쳤다면 완성본에 가까운 형태로 출력물이 다듬어졌을 것이다. 두세 쪽에 걸쳐 설명했지만, 조각하고, 디테일을 살려가는 과정은 결코 짧지 않다. 이 과정에서 중요한 것은 실제 모델의 특징을 잘 관찰하여 만드는 것이다.

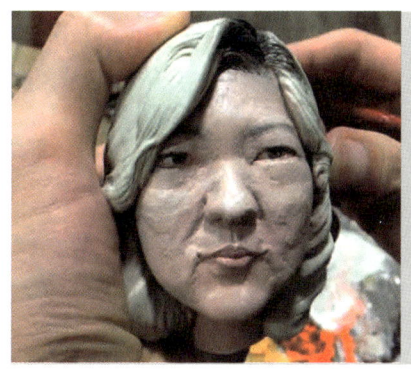

채색 작업에서 중요한 점은
얼마나 디테일을 신경 써서 칠하느냐다.

　채색까지 완료된 피규어 결과물이다. 좀 더 여유가 있다면 스컬피 작업 전에 겉면을 더 매끄럽게 할 수 있는 후가공 작업도 거치면서 완성할 수 있다. 3D 프린터를 써도 이만큼의 작업을 해야 하느냐고 실망하는 독자가 있을지도 모른다. 그러나 3D 프린터로 작업하지 않았더라면, 피규어의 형태를 갖추는 부분에서부터 꽤 많은 시간을 들여야 했을 것이다.

피규어의 채색 작업까지 완료되었다.

3D 프린터의 가치는 다방면에 걸쳐 있겠지만, 피규어 작업에서는 전문가만이 할 수 있었던 분야에 대한 진입장벽이 낮아졌다는 점이 돋보인다. 또 사람의 손을 거쳐야만 했던 지난한 과정을 소프트웨어와 기계로 대체하고, 그 시간을 아이디어를 제대로 구현하는 데 사용할 수 있다는 점도 특징적이다. 그러므로 '3D 프린터로 만든다'는 데 의미를 두기보다는 3D 프린터를 '도구'로 하여 '더 가치 있어지는' 아이템을 구상하는 데 비중을 두고 방향을 고민해보았으면 한다.

3부

생생한 경험에서 얻은 특별한 3D 프린팅 노하우

9단계

3D 프린트 창업을 준비하는 이를 위한 쓸모 있는 조언

　누구나 처음 3D 프린터를 보면 바로 사업을 시작하고 싶은 마음이 든다. 많은 이들이 처음 3D 프린터를 보면 이것으로 바로 사업을 시작할 수 있다고 착각한다. 팔 수 있는 만큼 만들고 그만큼 조금씩 수익을 올려나가면 된다고 생각되기 때문이다. 그러나 3D 프린터로 출력해서 제품을 하나하나 만들어 판매하는 것은 매우 어려운 일이다. 부가가치가 매우 높은 제품이면 모를까 고작 몇 만 원 정도를 받고 팔 만한 제품을 그렇게 하나씩 출력하는 것은 권하지 않는다. 3D 프린터는 생각했던 것보다 출력 속도가 매우 느린 데다, 출력만으로 완성본이 탄생하는 것이 아니기 때문이다. 품질을 높이는 후가공 단계도 거쳐야 한다. 3D 프린터 제조사 메이커봇에서 운영하는 싱기버스에서 원하는 3D 파일을 받고 출력하면 가능할 수도 있다. 우리는 싱기버스나 3D 프린터 제조사들에게 속고 있는지도 모른다. 모든 것이 너무도 쉬워 보이도록 말이다.

아이템의 사업성을 가늠하려면 미리 한 번 만들어봐야 한다. 프로토타입을 제작해보는 것인데, 사전 평가를 통해 개선점을 찾거나 제작할 때 현실적인 어려움 등을 판단해보는 과정이다. 실제 제품을 만들어 판매하기 전에 3D 프린터로 프로토타입을 만들어서 실제 제품의 가치를 면밀히 평가한다. 이때 반드시 기억해야 하는 점이 있다. DLP나 SLA 방식에서는 FDM에 비해서 매끈한 결과물을 얻을 수 있기 때문에 후가공 시간을 절약할 수 있지만, FDM 방식에서는 프로토타입을 만드는 일도 쉽지만은 않다는 사실이다. 그러므로 자신이 만들려고 하는 아이템이 과연 어떤 프린팅 방식에 적합할 것인지도 고려해야 한다. 프로토타입의 목적을 이해하기 가장 좋은 아이템은 바로 조형물이다.

조형물은 섬세하게 프린트해야 하므로 프로토타입 제작에 적합하다.
(Bathsheba Grossman)

예를 들어, 40센티미터 정도 크기의 조형물을 출력한다 했을 때, 10센티미터가량 되었던 출력물과 달리, 출력 각도나 서포터의 생성 여부 등 확인할 부분이 한둘이 아니다. 보통 거대한 조형물을 만들기 전에 그 조형물이 어떤 느낌인지 테스트용으로 제작한다고 생각하면 쉽다. 이렇게 함으로써 조형물을 제작하기 전에 문제점을 사전에 파악할 수 있는 목적으로 사용된다.

액세서리도 좋은 예다. 공장생산 방식의 액세서리 시장은 대량생산을 통한 저가 전략이었다. 그러나 3D 프린팅의 세계에서는 소량 생산에 고부가가치 전략으로 가는 것이 확실하다. 이것은 셰이프웨이스의 사례에서도 명확히 드러난다. 이 세상에 하나밖에 없는 귀중한 기념품을 판매한다는 전략은 사람들에게 호소하는 바가 있다.

각 부위를 따로 출력해 조립한 장난감 캐릭터.

3D 프린터로 프로토타입을 만들 때는 3D 프린터에서 잘 나오도록 구조를 분할하여 출력해야 만족할 만한 결과물을 얻을 수 있다. 모두 한 덩

어리로 출력해서는 결과물이 원하는 대로 나오지 않고 매우 애매할 수 있다. 또 프로토타입을 만들 때는 물체를 각각 분리하여 출력하는 것이 유리하다. 그 이유는 사용한 서포터를 더 쉽게 정리하기 위해서다. 서포터를 사용하면 결과물 부분 외에 부수적인 출력이 발생하여 프린터를 정리하는 것이 어려워지는데, 분리해서 출력하면 비교적 원활하게 작업이 가능하다.

디자이너의 제품이 상품화되기까지

디자이너의 제품이 상품화되기 위해서는 다양한 디자인적 안목과 시행착오가 있어야 한다. 꾸준히 학습하고 다양한 시도를 해본 사람만이 살아남는 것이 당연할지 모른다. 모든 것은 본인이 직접 해봐야 알기 때문이다. 이론적으로 생각해서는 결과를 예측만 할 수 있을 뿐 예상 밖의 다양한 경우의 수에 좌절하는 경우가 허다하다. 특히 디자인 분야에서 그렇다. 그러므로 꾸준히 준비하며 자기 계발을 해야 한다. 여기서는 디자이너가 제품을 상용화하기 위해 필요한 요소들을 소개한다.

3D 프린팅 디자인 프로세스

3D 프린트 디자인 의뢰는 아래와 같은 작업 프로세스를 거쳐 의뢰인에게 전달된다. 출력 서비스에 경험이 없는 의뢰인은 한 번만 출력하면 완성품이 나올 것이라고 생각한다. 출력물을 소비자에게 전달했을 때 소

비자가 한 번에 마음에 들어 하면 문제가 없겠지만, 문제가 생기면 만족스러운 품질에 가까워질 때까지 수정해야 하는 문제가 발생한다. 지속적인 비스니스를 위해서는 최대한 의뢰자들이 원하는 방향으로 디자인을 수정하여 다시 출력한 후 전달해야 한다. 이런 문제까지 고려하여 가격을 산정해야만 소비자와 디자이너가 좋은 관계를 유지할 수 있으며 차후에 입소문을 통해 많은 소비자들의 의뢰를 받을 수 있다.

출력만 해주는 출력소라면 전달받은 STL 파일을 출력하는 것이 책임의 전부이지만, 모델링을 의뢰받은 디자인 업체의 경우, 품질에 대한 책임이 생기므로 이러한 프로세스에서 자유로울 수 없다. 그러므로 서로 신뢰할 수 있는 정확한 규칙이 필요하다.

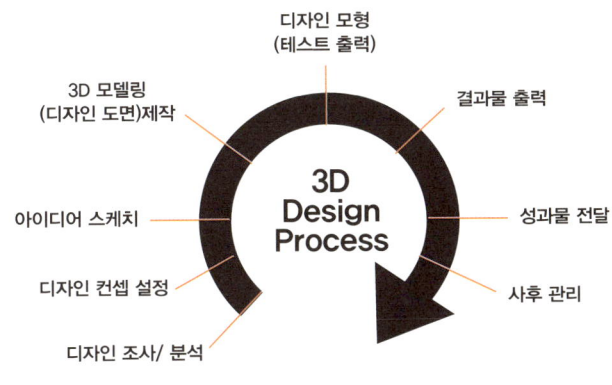

3D 프린팅 디자인 프로세스.

에버노트 활용하기

대부분의 디자이너들은 작품 활동을 하지 않을 때에도 차후에 진행될 디자인의 참조자료를 꾸준히 준비한다. 평소에 자주 메모하는 습관 등이 중요하며 작업에 도움이 되는 비주얼 자료를 잘 스크랩해두면 갑자기 발생되는 디자인 의뢰에 신속하게 대응할 수 있다. 다양하고 많은 양의 참고자료를 관리하는 도구로 에버노트를 추천한다. 코끼리의 기억력이 매우 좋다는 이유로 코끼리를 로고로 사용하는 에버노트의 재치가 유쾌하다. 에버노트의 사용법은 매우 직관적이다. 에버노트와 함께 에버

크롬 브라우저에서 에버노트 웹 클리퍼 사용화면.
스크랩을 원하는 페이지에서 오른쪽 상단의 코끼리 아이콘을 클릭한다.

노트 웹 클립퍼web clipper라는 플러그인을 설치하면, 웹서핑을 하다가 괜찮은 기사나 정보를 발견했을 때, 브라우저 창 위에 있는 에버노트의 버튼 하나만 누르면 기사 전체가 에버노트에 스크랩된다. 이미지를 검색할 때도 이미지 위에 마우스 버튼을 올려놓고 오른쪽 클릭한 뒤에 '에버노트로 저장' 버튼을 누르면 손쉽게 자료가 저장된다. 자료 모으기에도 쉽고, 관리도 어렵지 않다. 다양하고 깊이 있는 자료와 거기에서 새롭게 생겨나는 아이디어만이 새로운 시대, 즉 3D 프린트 시장에서 살아남을 좋은 자기만의 무기라고 확신한다.

정보 수집 능력

사람들의 소통 채널은 다양해졌다. 인터넷 포털 사이트의 커뮤니티에서부터 SNS 등 인터넷 활동을 통해서 서로 관계를 넓히며 정보를 공유한다. 주기적으로 관심사가 비슷한 사람들과 정보를 공유하고 정보를 얻어야 트렌드에 뒤쳐지지 않는 디자이너로 성장할 수 있다. 또한 자신만의 데이터베이스가 쌓여야 트렌드를 쫓아가는 것이 아니라 앞선 시각으로 트렌트의 변화를 미리 감지할 수 있는 안목도 생겨난다. 내 경우 메이커스 시스템에서 다양한 정보를 얻는다.

오픈크리에이터스 카페http://cafe.naver.com/makerfac에는 다양한 3D 프린팅 정보가 있다. 사용자가 많아 판매, 의뢰, 제작 팁 등 양질의 정보를 얻을 수 있다. 저가 프린터 보급에 힘쓰고 있으며, 윌리봇 창업자인 윌리엄 선생님의 공식 카페http://cafe.naver.com/3dprinters 또한 다양한 정보를 얻을 수 있는 곳이다. 또 정보를 수집할 때 국내에만 한정하지 말고, 해외 웹에

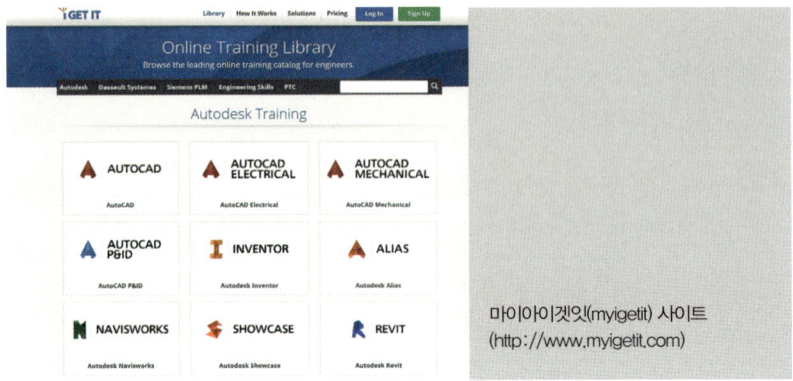

마이아이겟잇(myigetit) 사이트
(http://www.myigetit.com)

서도 정보를 얻기를 권한다. 해외의 튜토리얼 사이트에서는 현재 우리나라에 알려진 것보다 앞선 정보를 얻을 수 있다. 마이아이겟잇 http://www.myigetit.com 은 매우 수준 높은 각종 고급 캐드 소프트의 튜토리얼을 제공하므로 강력히 추천한다.

그 외에도 각종 고급 캐드 소프트의 튜토리얼을 제공하는 디자인랩 http://www.designgrab.com, DIY 튜토리얼을 제공하는 인스트럭터블 http://www.instructables.com 이 있다. 다양하며 수준 높은 튜토리얼 정보 역시 아이디어 구현과 아이템을 개발하는 사고 확장에 큰 도움이 된다.

시행착오를 기회로 만드는 방법

현재 3D 프린터는 표면이 매끄럽지 못해 기존 공장 제품에 비해 퀄리티가 떨어진다는 단점이 있다. 하지만, 시장 자체의 가능성을 보고 제품의 질을 높이는 다양한 기법으로 품질을 담보한다면 시장을 선점하는 좋은 위치에서 시작할 수 있다.

현실을 이해하기

3D 프린팅 사업을 하면서 가장 어려운 부분은 소비자들의 3D 프린팅에 대한 이해 정도다. 이는 소비자들의 머릿속에 있는 결과물과 내가 생각하는 결과물이 다르기 때문에 생겨나는 문제점이다. 일반 소비자들, 즉 3D 프린팅을 잘 모르는 사람들은 단시간에 붕어빵 찍어내듯 결과물을 만들어낼 것이라 생각한다. 매번 그렇게 클라이언트를 만나서 3D 프린팅의 현실을 설명하는 것이 가장 고단한 일이다. 왜 이런 일이 생겨나는가? 나는 그 이유를 3D 프린터가 누구나 만족할 만한 수준의 결과물을 만들어내지 못하기 때문이라고 이해하고 싶다. 3D 프린팅이 인터넷과 컴퓨터보다 큰 시장임은 확실하지만 현재의 기술로는 크게 수익을 만드는 일이 어렵다 보니 정부와 대기업에서도 3D 프린팅을 홍보하고 배움을 권장하는 게 소극적이 되는 것은 아닌가 생각해본다. 그러나 조만간, 몇 년 안에 어느 정도의 완성도로 제품을 만들어낼 수 있는 3D 프린터가 보급된다면, 아니면 웹 기반의 고급 3D 프린팅 업체가 프린팅 서비스를 해주는 시대가 된다면 상황은 완전히 달라질 것이다. 그러므로 우리는 지금부터 미래를 준비해야 한다.

소비자 만족시키기

전통적인 방식으로 작업을 해오던 사람들이 3D 프린터 전문가에게 선호 하는 이유는 3D 프린팅이 전통적인 방식에 비해 가격이 저렴하며 제품도 보다 쉽고 빠르게 제작되기 때문이다. 그러나 클라이언트의 요청에 그대로 부응해줄 수 있는 기계는 3D 시스템스와 스트라타시스의 고급 기종들이다. 일반 FDM 방식의 ABS 필라멘트 재료가 2만 원이라고 하면 3D 시스템스와 스트라타시스의 고급 기종의 재료값은 수십 배를 호가한다. 3D 시스템스의 고급 SLA 기종의 재료 가격은 킬로그램당 80만 원, 서포터라는 재료는 대략 20~30만 원으로 일반인들이 접근하기 어려운 가격이다. 저렴한 비용으로 제작하기 위해서는 FDM에서 출력된 결과물을 후가공하여 표면을 매끈한 느낌으로 만들어주는 방법밖에 없다. 단, 후가공에는 많은 시간과 노력이 필요하다는 점을 기억해야 한다. 캐릭터를 후가공하는 데 대략 2~3일, 길게는 일주일이 걸린다. 소비자를 만족시키기 위해서는 정확한 설명과 작업의 이해가 이뤄져야 한다. 자주 연락하여 자신의 상황을 알려주고 피드백을 받고 바른 방향으로 작업을 이끌어 나간다.

가능하면 말로 설명하지 말고 비주얼 자료를 만들어서 의뢰자에게 설

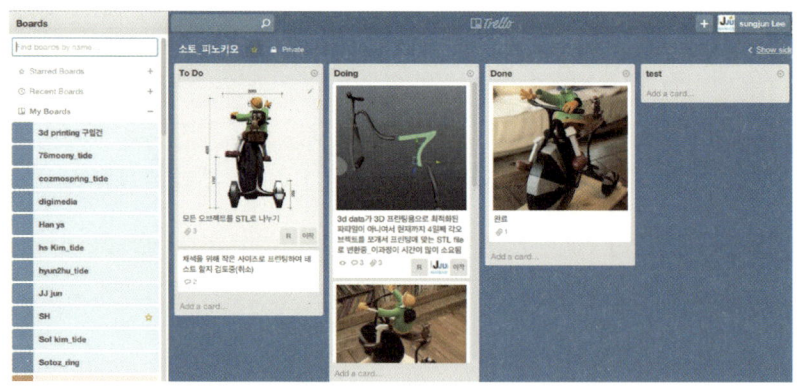

트렐로의 현재 진행 중인 프로젝트 홈 화면(https://trello.com).

명한다. 나는 트렐로trello라는 프로젝트 SNS로 의뢰자와 커뮤니케이션한다. 트렐로는 의뢰자와 SNS 형식으로 소통 가능한 서비스다. 의뢰자와 만드는 사람의 의견뿐만 아니라, 일정, 사진까지 함께 볼 수 있기 때문에 프로젝트를 진행하며 과정을 공유하기에 편리한 기능을 제공한다.

덧붙여 의뢰를 대충 받아서는 안 된다. 치수나 형태 등 사전 미팅을 철저히 가져야 한다. 치수나 형태에 관한 설명이 제대로 이뤄지지 않으면 의뢰자가 뭘 원하는지 정확하게 파악되지도 않는다. 의사소통이 처음부터 어긋나버리면 의뢰인이 결과물에 대해 불만스러워할 것은 자명하다. 계약서를 쓰고 진행하라.

가격 산정하기

대체적으로 가격은 작업자가 얼마나 시간을 들였느냐로 산출한다. 대략 작업자가 하루에 30만 원의 일당이라고 하면 3일이면 90만 원이라는 가격이 나온다. 거기에 재료비와 장비 사용료를 추가하면 대략적인 가격이 나오는 것이다. 예를 들어 피규어 제작에 4일 소요되었고 재료 사용에 10만 원, 3D 프린터를 10시간 사용했다고 하면, 다음과 같이 계산이 된다.

> 4일 일당 120만 원
> 재료비 10만 원 + 구입비 명목 = 20만 원
> 프린터 사용비 10시간 = FDM 10만 원 + SLA 50만원

총 150만원에서 190만원의 가격이 산정된다. 거기에서 세세하게 빠진 추가적인 비용을 가감하면 대략적인 가격을 정할 수 있다.

만들었으면 알려라

상품을 알리는 것은 무엇보다도 중요하다. 잘 만들어놓은 상품이 눈에 띄지 않아 제대로 된 평가도 받아보지 못하고 묻힌다면, 그것만큼 애석한 일은 없을 것이다. 여기 상품을 알리기 위한 방법을 몇 가지 소개한다.

나만의 콘텐츠를 만들어라

가장 강력한 방법은 자신만의 콘텐츠를 만들어서 사람들을 끌어모으는 것이다. 자신만의 콘텐츠를 만들려면 다양한 소프트웨어에 대한 지식과 깊이 있는 전문성이 동시에 필요하다. 예를 들어 자신만의 필살기 소프트웨어가 필요하다. 그 사람은 그것에 능통하다는 말을 들어야 한다. 나만의 콘텐츠라는 것이, 3D 프린터 기술에 국한된 것이 아니라 모든 것에 걸쳐 자신만의 것이 필요하다.

적극적인 소통이 답이다

제품을 만들면 가장 먼저 노출하게 되는 것이 바로 자신의 블로그 혹은 웹사이트다. 상품에 대한 홍보를 겸하는 것이다 보니, 당연히 상품에 대한 다양한 소개와 자세한 설명을 곁들일 것이다. 상품을 정성스럽게 소개함과 더불어, 당장 구매하지 않을 사람이라 하더라도 작은 질문에도 적극적이고 친절하게 답변하고 소통하는 모습을 보여야 한다.

같은 관심사를 지닌 사람을 놓치지 마라

유명 커뮤니티라 함은, 내 제품과 관련 있는 커뮤니티와 3D 프린터 커뮤니티를 말한다. 이 방법은 나와 비슷한 관심을 지닌 사람들에게 나를 알릴 수 있는 아주 좋은 방법이며, 자연스럽게 바이럴 마케팅 효과도 얻을 수 있다.

영향력 있는 사람을 링크해두어라

다른 영향력 있는 사람의 글에 관심을 갖는다. 영향력이 있는 사람들을 꾸준히 찾아라. 그러려면 인터넷에 있는 쓸데없는 기사를 보는 것은 절제하고 영양가 있는 글을 찾고 연구해야 한다.

해외 사이트는 더 넓은 시장이다

해외 유명 사이트에 자신의 홍보글을 만들어서 올린다. 셰이프웨이스 등 해외 3D 프린팅 사이트에 꾸준하게, 그러나 과하지 않게 자신의 인지도를 쌓아나가는 것이 중요하다.

노하우는 아끼지 마라

블로그에 자신만의 기술에 관한 글을 나의 블로그에 올린다. 그것이 책이 되면 많은 사람들과 소통이 가능하다. 강의를 하는 것도 좋은 방법이다.

비즈니스 파트너를 구하라

나를 도와줄 비즈니스 파트너를 섭외하고 조직화하면서 이익을 공정하게 나누어라. 상대를 왕으로 대하면 상대도 나를 왕으로 대해줄 수 있는 관계를 형성해야 한다.

나는 사람들을 만날 때 자산이 경험한 것을 이야기하고 사람들과 소통하는 것을 선호한다. 3D 프린팅을 통해 각자의 경험을 공유하고 사람들이 원하는 것을 듣다 보면 세상이 어떻게 돌아가는지를 이해할 수 있다. 핵심은 역시 사람들과 소통하는 것이다. 그리고 항상 자신감 있게, 최대한 적극적으로 움직여라. 생각만 하지 말고 움직이라는 말을 하고 싶다. 하루에 최소 한 시간은 자신의 관심 업무에 집중할 수 있어야 한다. 끊임없이 관심사를 생각하면서도 단 한 시간만, 딱 그 시간만큼은 완전히 몰입하는 것이다. 반면 쉴 때는 정말 잘 쉬어준다.

자기 자신에게 새로운 에너지를 불어넣기 위해서는 모든 것을 잊고, 인터넷과 휴대폰도 놓고 놀아야 새로운 일이 잘 된다. 놀 때는 신나게 놀고, 일할 때는 몰입하라. 오직 믿을 수 있는 것은 실력과 경험뿐이다.

.

10단계

창업 전에
실제로 출력하라

    3D 프린터로 출력할 때는 기술적인 노하우가 필요하다. 3D 프린터 한 대로 오브젝트를 출력하는 데에는 적게는 30분 많게는 몇 시간이 소요되는데, 이 노하우를 잘 알아두면 출력하는 시간을 줄일 수 있을 뿐만 아니라 결과물의 질도 현저히 높일 수 있기 때문이다. 출력할 때 세팅에는 여러 가지 방법이 있지만, 그중에서도 다음 세 가지 요소가 가장 중요하다. 3D 프린터를 처음 이용하는 사람이라도 다음 사항을 잘 이해하면 크게 도움이 될 것이다. 3D 프린팅의 질을 결정하는 세 가지 요소는 다음과 같다. 핵심적인 요소들이니 잘 이해하여 실전에 적용해야 한다.

    세팅 값
    출력물이 나오는 각도
    서포트의 사용

이 요소들을 살펴보기 전에 우선 3D 프린터의 내부구조부터 알아보자. 내부 구조를 모르면 세팅 값을 이해하는 데 한계가 있다. 예를 들어 레이어의 높이, 즉 한 줄씩 쌓을 때마다 얼마나 두껍게 쌓을 것인지 조정해야 하는데 레이어의 높이를 결정해주는 노즐이 어떻게 위치하며 어떤 역할을 하는지 모른다면 세팅 값을 설정하는 데 어려움이 있을 것이다. 3D 프린터는 아래 그림과 같이 노즐에서 필라멘트가 분사되어서 출력판 위에 한 층씩 쌓아가는 원리로 작동된다.

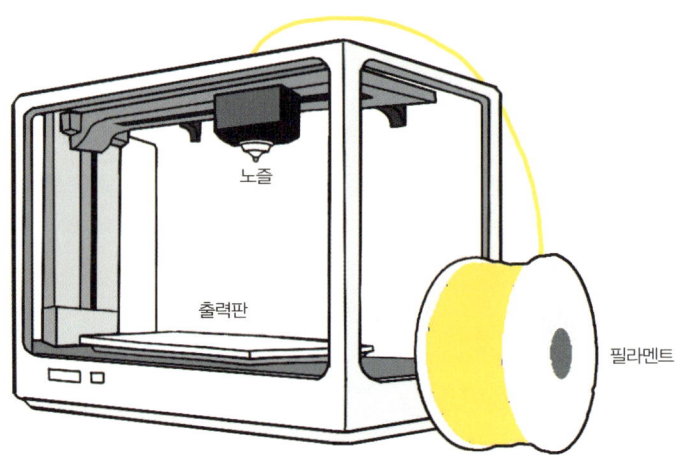

필라멘트가 노즐을 통해 나오고 노즐을 거치며 열이 가해진 필라멘트는
출력판 위에 쌓이며 결과물을 만들어낸다.

구조를 파악했다면 이제 품질을 결정하는 세팅 값, 출력물의 특징에 따른 출력 각도와 방향, 안정적인 출력을 도와주는 서포터에 대해 알아보자.

좋은 출력물을 위한 세팅과 팁-세팅 값

3D 프린터는 여러 가지 세팅 값을 가지고 있는데 이를 조금만 잘못 바꾸면 결과물이 엉망으로 나올 수 있다. 그러나 원하는 품질에 따라 세팅 값과 몇몇 조건들을 약간씩 조절하면 좋은 결과물을 만들 수 있다. 대체적으로 제조사에서 제공하는 기본 세팅 값을 사용하면 큰 문제없이 사용할 수 있다.

세팅에 따라 출력물이 엉망으로 나올 수도 있다.

세팅 값 핵심 요소

FDM 프린터를 활용할 때 세팅 값, 나오는 각도 그리고 서포트 적용이 충분히 고려되어야 좋은 결과물이 나온다. 이 부분은 매우 중요해서 반드시 알고 있어야 할 사항이다. 세팅 값의 경우 각 제조사들마다 소비자들과 자율적으로 정보를 공유하는 인터넷 카페를 운영하여 자사에서 만든 제품의 세팅 값을 공개하고 있다. 아래 제조사의 카페에서 꼭 확인하길 바란다. 많은 사용자들이 자신의 작품을 공개하면서 세팅 값 또한 함께 공개하므로 그것을 참조하는 것도 매우 용이하다. 국내 프린터 중 참고할 만한 커뮤니티를 갖춘 업체는 다음 세 곳이다.

(주)로킷의 3D 프린터 '에디슨' http://cafe.naver.com/3dison
(주)오브젝트 빌드의 3D 프린터 '윌리봇' http://cafe.naver.com/3dprinters
(주)오픈크리에이터스의 3D 프린터 '아몬드' http://cafe.naver.com/makerfac

다음은 STL 파일을 3D 프린터가 인식할 수 있는 G코드로 바꿀 수 있는 큐라Cura의 세팅 값 화면이다. 레이어의 높이 Layer Height, 출력 속도 Print Speed, 채우기infill 등 3D 프린터 전에 꼭 설정해야 하는 요소들이 있다. 출력할 때 꼭 짚고 넘어가야 하는 값은 바로 다음과 같다.

- **레이어의 높이** 출력물의 품질을 좌우하는 가장 중요한 요소다. 출력물의 한 층마다 어떤 두께로 쌓을 것인지 결정한다. 정교한 출력을 원하면 값을 낮추고 빠른 출력을 원하면 값을 높인다. 보통 0.1로 설정해두면 좋은 품질의 출력물을 얻어낼 수 있다.
- **외벽 생성하기(Number of Shells)** 레이어를 몇 번 감쌀 것인지 정하는 부분이다. 외벽을 출력할 때 노즐의 왕복 값을 결정한다. 노즐 사이즈가 0.4일 때 셀Shell 값을 0.8로 설정하면 두 번 왕복한다는 뜻이 된다.
- **리트랙션(Enable retraction)** 필라멘트의 양을 자동으로 조절하여 노즐에 찌꺼기를 남기지 않게 하는 기능이다.

Quality	
Layer height (mm)	0.1
Shell thickness (mm)	0.8
Enable retraction	✓
Fill	
Bottom/Top thickness (mm)	0.6
Fill Density (%)	20
Speed and Temperature	
Print speed (mm/s)	100
Printing temperature (C)	240
2nd nozzle temperature (C)	0
Bed temperature (C)	110
Support	
Support type	Everywhere
Platform adhesion type	Raft
Support dual extrusion	Both
Dual extrusion	
Wipe&prime tower	☐
Ooze shield	☐
Filament	
Diameter (mm)	1.75
Diameter2 (mm)	0
Flow (%)	100

큐라의 세팅 값.

- **출력 속도(print speed)** 초당 20~50밀리미터 값을 설정할 때 정교한 출력이 가능하며, 이 이상 출력 속도를 높이면 이상적인 품질로 출력하기가 힘들 수 있다.
- **채우기(infill)** 결과물 내부를 얼마나 채워서 출력할지를 결정하는 값을 퍼센티지(%)로 값을 매긴다. 보통 5~20퍼센트를 사용한다.
- **서포터(support)** 출력물이 공중에서 출력되지 않도록 출력판에서부

터 지지대를 형성한다.

서포트 타입에서 에브리웨어everywhere는 출력물에 모든 부분에서 서포터 설치를 필요로 할 때, 터칭 빌딩플렛Thouching buildplate은 출력판에 닿는 부분만 서포트를 형성할 때 선택한다.

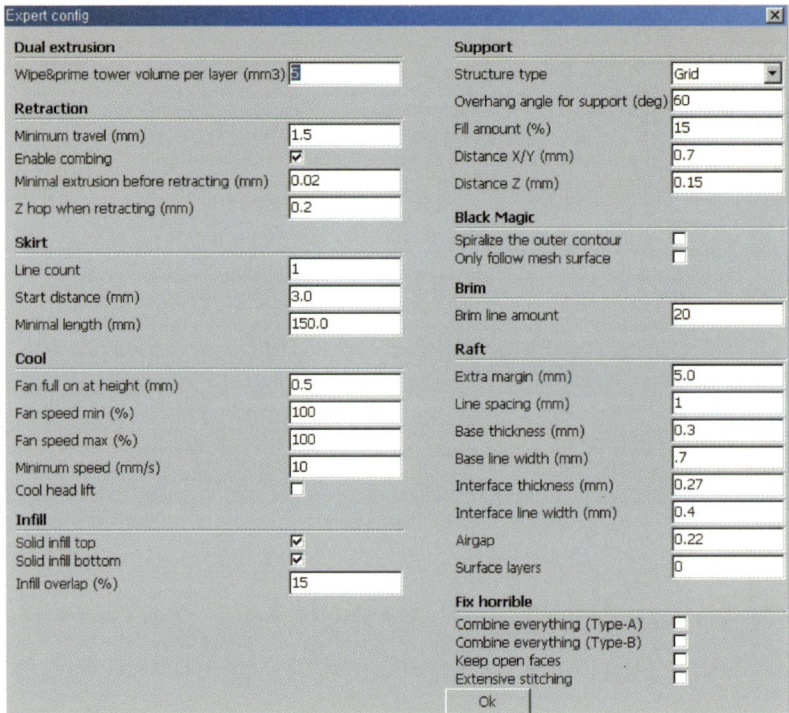

전문가 모드 세팅 값. 까다로운 오브젝트를 다룬다면 전문가 세팅 값을 다룰 줄 알아야 한다.

- **라프트(raft)** 출력물이 바닥에 잘 부착되기 위한 접착면(바닥면)을 출력할지 선택한다.

- **브림(Brim)** 출력물 주위에 테두리를 만들어 안정적으로 출력할 수 있도록 하는 안전장치다.
- **노즐 온도** 필라멘트를 녹이기 위한 온도 값을 결정한다. 보통 PLA 소재는 210도, ABS 소재는 240도가 적당하다.
- **출력판 온도(Bed tempurature)** ABS 소재일 때 출력판의 온도 설정이 필요하다. 대략 110도가 적당하다. PLA는 출력판 온도 설정이 필요하지 않다.
- **필라멘트(Filament)** 특별히 수정하지 않는다.

전문가 모드 세팅 값 Expert settings이란 위에 언급한 채우기, 레이어 높이, 출력 속도, 셸, 라프트 외에 출력하는 데 필요한 다양한 정보를 세분화하여 출력물을 좀 더 디테일하게 제어할 수 있는 값을 의미한다. 전문가 모드 세팅 값를 이용하면 매우 디테일한 값까지 조정이 가능해서 좀 더 좋은 결과물을 얻어낼 수 있다. 그러나 그만큼 복잡해서 초보자들에게는 기본 세팅 값만 사용하길 권장한다. 에펠탑같이 특수한 형태의 출력물은 전문가 세팅 값을 반드시 숙지해야 좋은 결과물을 얻어 낼 수 있다.

- **스커트(Skirt)** 처음에 프린팅을 시작할 때 테스트로 출력판에 한 번 길게 테스트를 할지 하지 않을지 설정한다. 라인 카운트 line count가 0이면 테스트를 하지 않고, 1이면 테스트를 한다.
- **인필(infill)** 어떤 식으로 채우기를 할지 설정한다. 솔리드 인필 탑 Solid infill top이 체크되면 위부분이 지붕 부분이 출력되며 솔리드 인필 바

텀Solid infill bottom이 체크되어 있으면 바닥면이 출력된다.
- **서포트 (Support)** 값이 적을수록 서포트가 많이 생성되며 값이 크면 클수록 서포트가 적게 적용된다. 인체나 복잡한 출력물은 상황에 따라 오버행 앵글 포 서포터를 조절하며 출력해야 한다. 오버행 앵글 포 서포터에 대해서는 뒤에 서포터를 설명하는 부분에서 자세히 살펴보자.
- **블림(Brim)** 서포트와 비슷한 개념으로 바닥을 만들지 않고 테두리만 만들어서 출력물을 안정적으로 출력하도록 도와준다.

에디슨 최적 세팅 값

PLA 필라멘트 출력 시 아래와 같은 값을 주면 큰 문제없이 출력해낼 수 있다.

레이어의 높이 0.1

출력 속도 45

가속도 50

서포터 유무 선택

라프트 유무 선택

외벽 생성하기 2~3번이 적당

노즐 온도 ABS 240도, PLA 215도

(필라멘트별로 약간 온도 차이가 있다. 아몬드에서는 240도 정도다.)

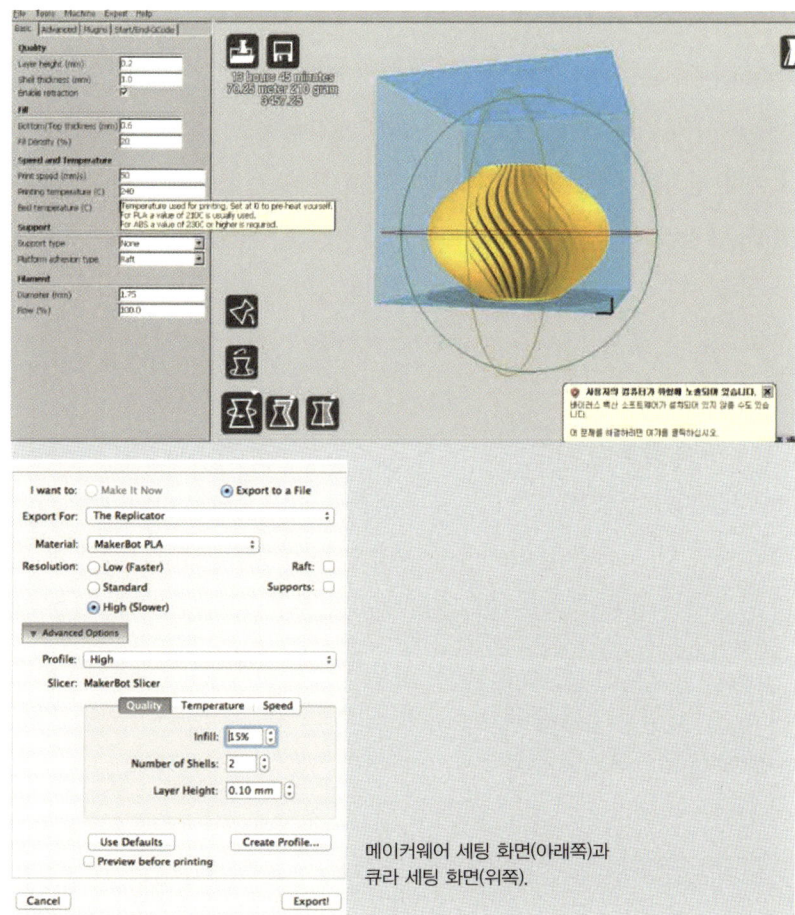

메이커웨어 세팅 화면(아래쪽)과
큐라 세팅 화면(위쪽).

G코드 생성 소프트웨어

세팅 값 설정 및 G코드 생성을 도와주는 소프트웨어들이 있다. 각 제조사마다 다른 소프트웨어를 사용하기 때문에 세팅 값의 이름은 조금씩 다르지만 기본적으로 같은 원리로 작동된다. 각 프린터 회사별로 하드웨어

3D 프린터와 소프트웨어를 최적화했기 때문에 가능하면 프린터 회사에서 추천하는 소프트웨어와 세팅 값으로 설정하는 것이 가장 좋다. 메이커봇 Makerbot사의 경우 메이커웨어makerware를 사용하며 이 STL 파일을 G코드로 변환시킨다. 에디슨도 메이커봇 계열이기 때문에 메이크웨어에서 작동된다. 얼티메이커Ultimaker사의 경우 큐라라는 G코드 생성 소프트웨어를 사용한다. 그리고 한국 오픈크리에이터사의 아몬드 역시 큐라를 사용한다. 큐라와 메이커웨어는 호환되지 않는다.

세팅 값의 활용

프린터를 구입하여 여러 가지를 출력하다 보면 유난히 출력이 잘 되지 않을 때가 있다. 이런 경우 세팅 값이나 모델링 자체가 안 좋은 경우일 수 있다. 팔찌를 출력하면서 세팅 값이 얼마나 중요한지 알아보자. 아래 팔찌는 싱기버스에서 쉽게 구할 수 있는 팔찌다Nervous Kinematic Bracelet. 이 제품은 특성상 여성의 팔에 감기도록 원형으로 잘 구부러져야 한다. 연결 부위가 매우 섬세하게 구성되어 있어 세팅 값을 적용하기가 어렵다. 그러

출력된 팔찌.
채우기를 100으로 설정해야
실패하지 않고 출력된다.

나 세팅 값을 모르고는 출력할 수 없다. 이 팔찌의 경우 채우기Fill Density를 100으로 하지 않으면 속이 비어서 연결 부위가 제대로 작동되지 않는다. 대부분의 사용자들은 채우기Fill Density를 15~50 정도로 설정하고 출력하는데 그러면 겉모양은 멀쩡하지만 작동에 실패할 수 있다. 그리고 이렇게 섬세한 물체를 출력할 때는 가능하면 스피드를 50정도로 설정한다. 스피드를 낮추면 실패할 확률이 낮아진다. 자신이 출력하는 제품이 계속해서 에러가 날 때는 다른 이들이 어떻게 세팅 값을 적용시켜 성공적으로 출력했는지 확인해보면 문제점을 파악할 수 있다. 커뮤니티에서 회원들이 자신이 출력한 제품을 공개할 때 대개 세팅 값을 함께 공개하는 것도 이러한 이유에서다.

3D 프린터는 섬세하다- 출력 각도와 방향

3D 프린팅을 할 때 중요한 두 번째 요소는 출력할 때의 각도다. 그림에서 왼쪽 물체와 같이 출력하려는 물체가 바닥에 안정적으로 위치하면 제

출력 방향이 바르게 설정되었을 경우와(왼쪽) 잘못되었을 경우(오른쪽).

대로 된 출력물을 얻을 수 있다. 그러나 오른쪽 물체처럼 출력하려는 결과물이 불안정한 상태에서 출력을 하게 되면 서포터라는 보조 장치를 사용해야 한다. 서포터가 세워지는 자리는 표면이 매우 거칠게 표현되어 퀄리티가 떨어지는 요인이 되므로 출력하기 전에 바닥에 닿는 면적이 최대한 넓은 쪽으로 물체의 방향이나 각도를 조절한다. 그런데 모든 물체가 그림처럼 어떤 방향으로 위치시킬지 분명한 것은 아니다. 문제는 어느 방향으로 두어도 서포터가 많이 생성되는 물체를 출력할 때다. 출력물의 각도와 방향은 결국 서포터를 최소화하려는 노력이기 때문에 이제 서포터에 대해서 좀 더 알아보면서 어떤 방법을 취할 수 있는지도 함께 알아보자. 출력 각도출력 방향를 바꾸는 방법은 아래와 같다.

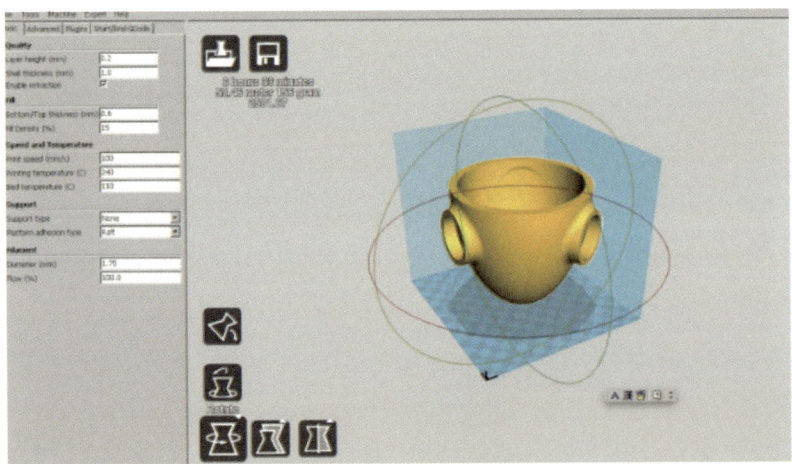

바닥면이 안정적인 각도(방향).

만약 위와 같이 출력되는 각도방향를 조정을 하고 싶다면 우선 오브젝트를 선택한다. 그러면 화면 왼쪽 아래에 아이콘이 세 개 나오게 된다. 맨 왼쪽에 로테이트 아이콘을 선택하면 오브젝트에 XYZ 축이 생성된다. XYZ 축을 이용하여 그림과 같이 안정적인 각도(방향)로 변경하면 된다.

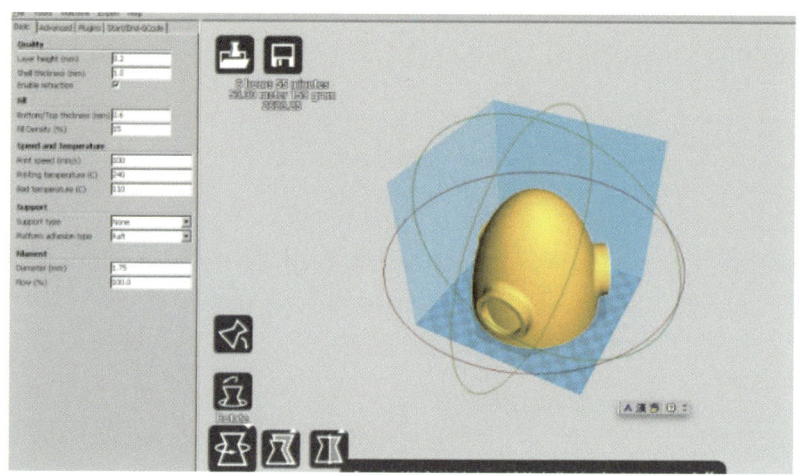

안정적인 각도(방향).

비스듬히 출력해야 할 경우

다른 일반적인 3D 프린터에서는 비스듬히 출력하면 실패할 확률이 크지만 업플러스 2의 경우는 약간 다르다. 업플러스 2는 해외의 3D 프린터 전문 잡지들 중 어떤 것을 보더라도 1등이나 2등으로 손꼽히는 제품이다. 업플러스 2는 출력시 출력의 안정성이 매우 뛰어나다. 바닥판에 구멍이 있어 필라멘트가 출력판에 고정이 잘 되고, 필라멘트가 녹으면서 바닥판에 완벽하게 붙어버리기 때문에 비스듬하게도 출력이 가능하다. 다른 일반적인 프린터의 경우, 비스듬하게 출력하면 넘어질 확률이 높으나 업플러스 2는 바닥판에 구멍으로 인해 잘 넘어지지 않는 것이다. 오히려 비스듬하게 출력하여 더 좋은 결과를 얻을 수도 있다.

업플러스 2 전용 소프트웨어로 세워서 출력 세팅 중인 모습(위)과 업플러스 2에서 출력에 성공한 결과물(아래).

- 대부분의 FDM방식에서 물체를 세워서 출력하는 것은 어려운 일이지만 업플러스 2는 세워서 출력해도 출력이 잘된다.
- 세워서 출력할 때 너무 정밀하게 출력하게 되면 실패할 확률이 높다. 노즐이 아주 가까이 스쳐 지나가면서 출력물을 쓰러뜨릴 수 있기 때문이다. 그러므로 레이어의 높이를 너무 정밀하게 설정해서는 안된다.
- 타사의 제품에 비해서 노즐에서 필라멘트가 일정한 굵기로 안정적으로 나온다.
- 바닥판에 구멍이 있어서 매우 안정적으로 출력이 가능하다. 다만 평평한 것을 뽑을 때 휨 현상이 잘 발생하는 편이라 바닥에 살짝 띄워서 출력하는 것이 좋다.

업플러스 2의 소프트웨어는 처음에는 매우 어렵게 느껴지나 사용하다 보면 좀 더 친근감있게 느껴진다. 큐라에 비해 매우 쉽고 직관적이다. 서포터와 라프트가 상당히 안정적이며 속을 비우거나 두께를 조절하는 것도 매우 간단하게 처리해낸다.

출력물에 따라서는 휨 현상을 방지하기 위해 순간접착제를 바르기도 한다. 하지만 바닥판의 구멍으로 접착체가 들어가 바닥판이 손상되는 경우가 있으므로 단점이 되기도 한다. 이런 이유 때문에 열에 강한 플라스틱 테이프를 붙여주는 것도 한 방법으로 쓰인다.

출력판의 사이즈가 작아서 출력하는 사이즈에 제한이 있다는 점이 아쉽지만 나누어서 출력하면 된다.

각도를 비틀어 출력해야 하는 경우

출력하면서 각도를 약간 주어야 할 상황은 이런 경우에도 해당된다. 다음 이미지는 서랍 기능이 추가된 미니 연필꽂이다. 각도를 변경하지 않고 출력하면, 서랍 구멍 안쪽으로 서포터가 붙어 나와 나중에 서포터를 제거하기가 번거로워진다.

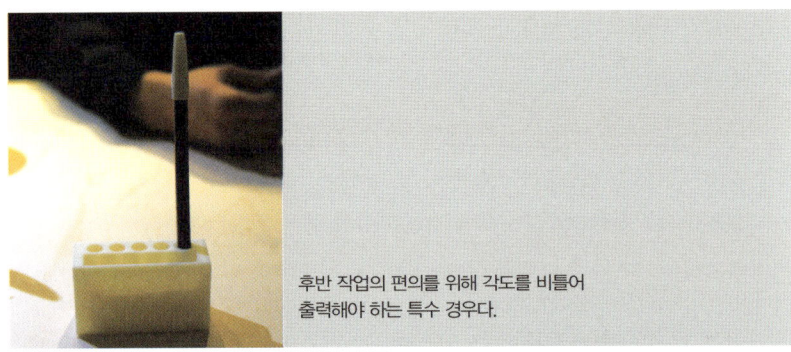

후반 작업의 편의를 위해 각도를 비틀어 출력해야 하는 특수 경우다.

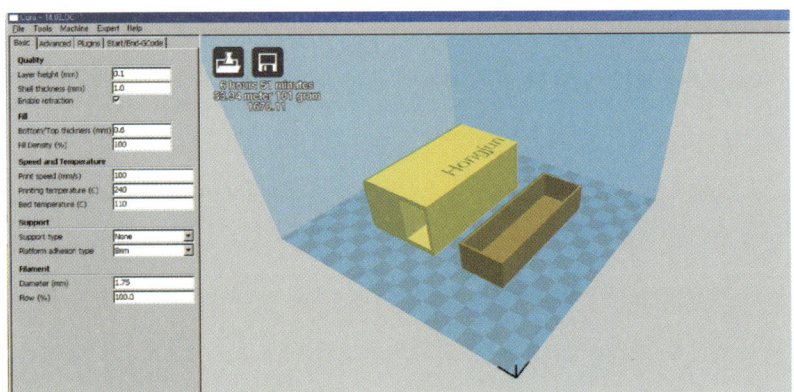

평면 출력할 경우인데, 이러한 형태로는 구멍 안쪽에 서포터가 없으면 출력할 수 없다.

반면 다음 그림과 같이 살짝 각도를 비틀어 출력하면 겉면에 서포터가 붙기는 해도, 구멍 안쪽에 서포터가 생기지는 않으므로, 제품을 완성하는 데 보다 편리하다. 설정에서 서포터 타입을 터칭 빌딩플레이트Touching buildinglate로 지정한다.

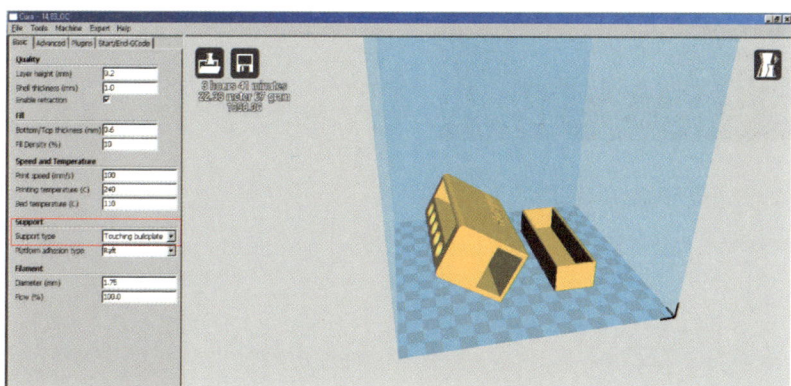

왼쪽 메뉴창에서 서포트 타입을 변경해준다.

모델링을 통해 서포터가 어떻게 생성되는지 확인할 수 있다.

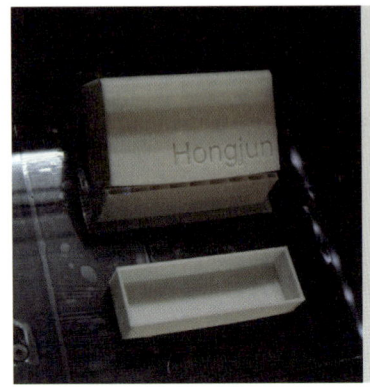

각도가 있는 오브젝트를 출력하면 이런 모습이 된다.

왼쪽 그림은 각도를 지정하지 않았을 때, 오른쪽은 각도를 설정했을 때 서포터가 어떻게 생성되는지 보여준다. 출력 각도와 방향은 출력할 때의 안정성을 고려함과 동시에 후반부 작업까지 고려해야 하는 부분이다.

안정적인 출력의 핵심-서포터

서포터는 다음 세 가지 경우에 큰 역할을 한다. 첫째, 3D 프린팅 과정에서 출력물의 일부가 공중에 떠 있을 경우, 둘째 출력물이 T자 모양일 때, 셋째 각도상 출력이 어려울 때. 서포터는 이런 경우에 안정적인 출력을 돕는 지지대 기능을 하는 장치다. 큐라 또는 메이커웨어에서 서포터를 지정하면 자동으로 필요한 부분에 서포터를 생성한다. 서포터가 없으면 출력물이 허물어져 제대로 출력되지 않는다.

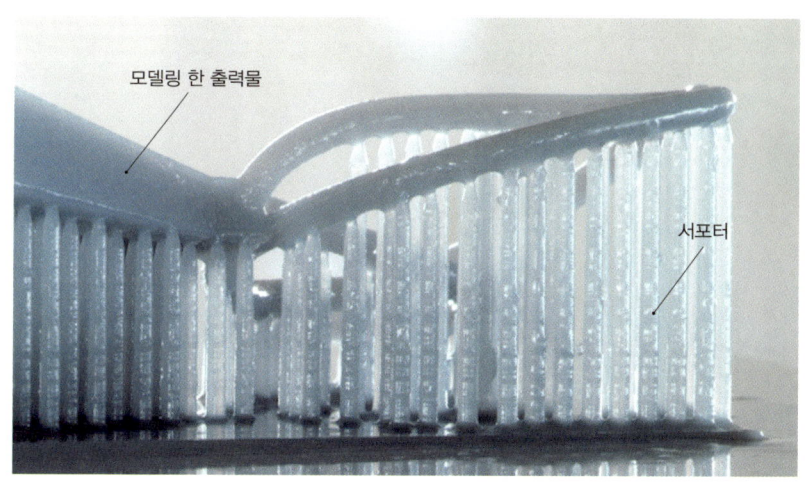
물체가 허공에 위치하도록 모델링 했다면 서포터가 있어야 디자인이 유지되면서 출력된다. 폼원의 3D 프린터는 자동으로 서포터를 생성하기도 한다(http://www.formlab.com).

서포트는 인체 같은 복잡한 구조를 출력할 때 매우 유용하다. 서포트는 기본적으로 매우 심플하게 설정되어 있다. 그래서 너무 심플하게 설정된 디폴트 값으로 출력할 때는 가끔 실패하기도 한다. 직접 큐라를 이용하여 여성의 신체에 안정적인 서포트를 적용해보자.

우선 STL 파일을 불러들인다. 다음 그림의 빨간색 사각형 ①번에서 아이콘을 선택하여 여성의 캐릭터를 불러온다. 그런 다음 화면 아래쪽 회전 아이콘(②)을 선택하면 오브젝트에 궤적이 생성되면서 사용자가 직접 오브젝트를 회전시킬 수 있는 옵션이 생긴다.

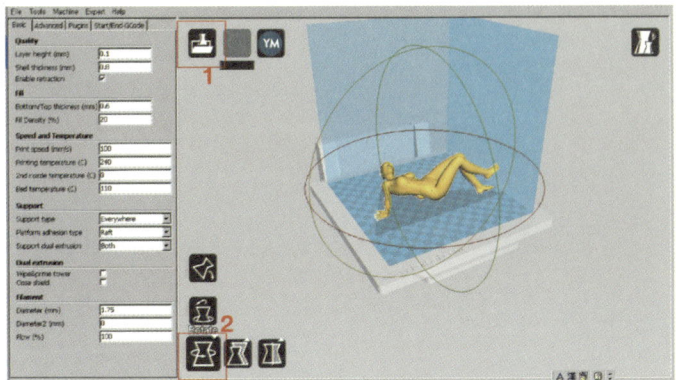

이렇게 바닥면과 물체가 닿는 면적이 적은 채로 출력한다면,
물체를 지탱하는 부분이 적어져 불안정한 결과물이 나올 것이다.

아래와 같이 오브젝트를 원하는 안정적인 자세로 위치시킨다. 서포트가 어떻게 적용되는지 보자. 오른쪽 위에서 아이콘을 선택한다.

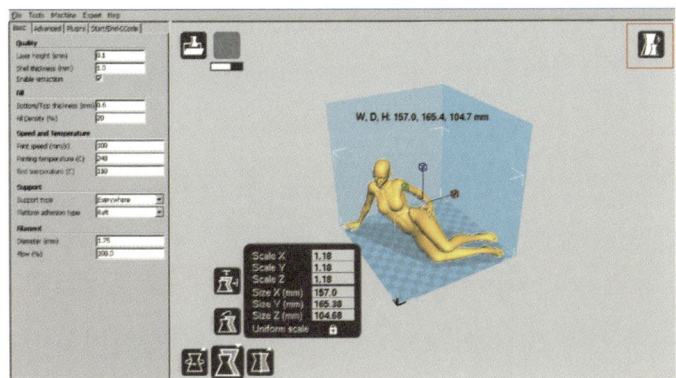

물체를 회전시키니 이전보다 안정된 형태가 되었다.

다음와 같이 왼쪽에 아이콘이 다섯 개가 생길 텐데, 맨 아래에 있는 레이어Layers 아이콘을 선택한다. 다음과 같이 레이어 layers를 선택하면 서포트가 어떻게 설정되는지 시뮬레이션을 보여준다. 보이는 여성 출력물은 서포트가 적어서 실패할 확률이 높으니 좀 더 많은 서포트를 적용할 수 있도록 세팅 값을 변경한다.

시뮬레이션을 통해 서포트 세팅 값을 적절히 변경한다.

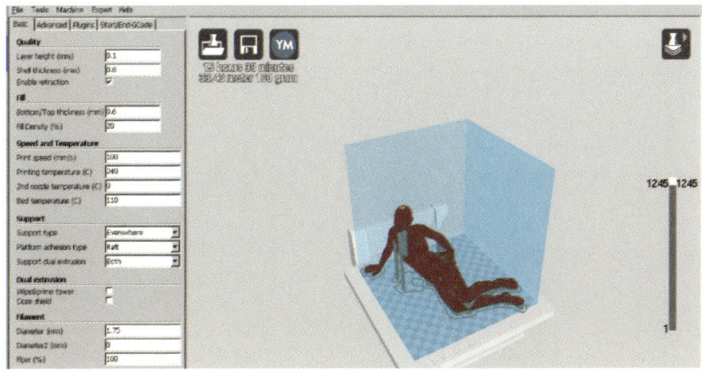

더 견고한 출력물을 위해 전문가 세팅을 설정한다.

전문가Expert 메뉴에서 전문가 세팅 Expert setting을 실행하여 서포트가 어떻게 적용되었는지 확인한다. 다음 그림을 보자. 오버행 앵글 포 서포트 Overhang angle for support 값이 60으로 되어 있다. 팔 부분이 너무 약해 보이니 값을 변경한다.

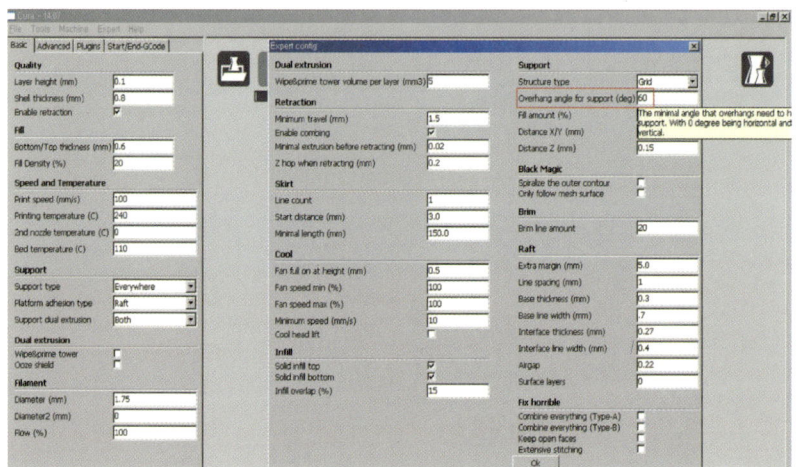

더 견고한 출력물을 위해 전문가 세팅을 설정한다.

오버행 앵글 포 서포트 값을 30으로 변경하게 되면 다음과 같이 서포터가 안정적으로 생성된 것을 볼 수 있다. 서포트를 잘 사용하면 실패를 줄이고 좋은 결과물을 얻을 수 있기 때문에 신중한 관찰과 경험이 필수다.

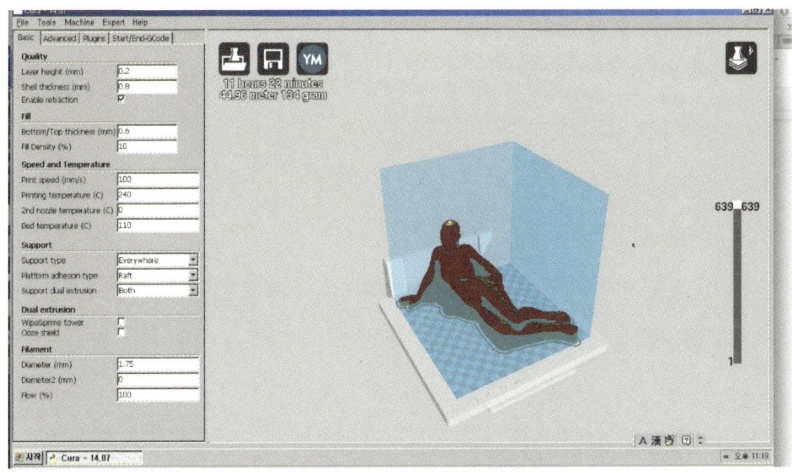

몸체에 붙어 있는 어두운 하늘색이 바로 서포트 영역이다.

서포터가 많아지면 제거하기가 매우 어려울 수 있다. 이런 경우를 위해 서포터와 실제 결과물에 간격을 두어서 출력 후에 쉽게 제거할 수 있는 방법을 알아보자.

서포터와 결과물의 간격 조정.

10단계. 창업 전에 실제로 출력하라

서포터와 결과물에 간격을 주기 위해서는 디스턴트 제트Distance Z값을 조정하는 게 효과적이다. 디폴트 값이 0.15이며 0.30으로 늘리면 간격이 생겨 서포터를 제거하기 쉬워진다.

필 어마운트fill amount의 값을 줄이면 서포터의 채우기가 줄어들면서 제거하기 쉬운 서포터가 생성된다.

서포터의 단점이라면 서포트를 사용한 물체의 표면이 지저분해진다는 것이다. 다음과 같이 원형의 형태를 출력할 때도 서포터를 사용해야 하는

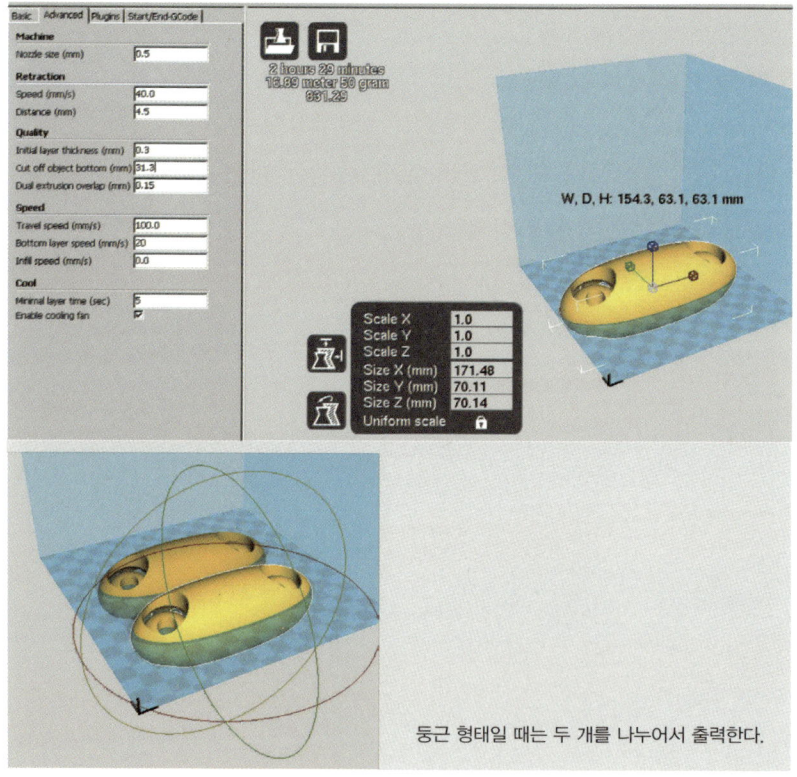

둥근 형태일 때는 두 개를 나누어서 출력한다.

데, 이 경우 서포터 없이 둥근 물체를 출력할 수 있는 팁이 하나 있다. 바로 원형의 윗부분, 아랫부분을 두 개로 나누어서 출력하는 것이다.

이처럼 각도가 애매한 물체는 둘로 나눈다. 나눈다는 표현을 사용했지만 실제로 자른 것이 아니라 오브젝트를 복제하여 "물체 잘라내기Cut off object bottom"를 이용하여 바닥 밑으로 물체 일부를 잠기도록 한 것이다. 실제 사이즈의 y 높이가 63.1밀리미터이니 두 개로 나눌 때의 값을 반값, 즉 31.5밀리미터로 설정한다. 그럼 다음 다른 복사본은 회전rotate을 이용하여 180도 뒤집어야 한다.

제대로 출력되지 않았을 때는 여러 요소가 원인이 될 수 있지만 앞서 언급한 것을 잘 이해하고 실행하면 그 원인의 대부분은 해결할 수 있다. 특히 큐라나 메이커웨어 등 어떤 소프트웨어를 사용하든 세팅 값을 잘 알아두면 매우 유리하게 출력물을 만들 수 있으니 고품질의 제품을 출시하길 원하는 이들은 세팅 값, 특히 전문가 세팅expert setting의 내용을 잘 연구할 것을 추천한다. 출력이 어렵다는 에펠탑 같은 것도 세팅 값을 잘 조정하면 출력이 가능하니 이 부분을 숙지해야 한다. 다른 유저들이 어떻게 세팅 값을 사용하는지 주의 깊게 관찰이 필요한 이유가 여기에 있다.

11단계

어디에도 없는 특별한 3D 프린팅 노하우

어떻게 해야 실패 없이 출력할 수 있을까?

좋은 3D 출력물을 만들기 위해서는 많은 관련 지식과 노하우가 필요하다. 출력하기 전에는 매번 기계의 상태를 유심히 체크하는 습관도 들여야 하고 물체가 출력되는 초반에는 라프트Raft를 잘 깔았는지도 반드시 체크해야 한다. 필라멘트가 노즐을 통해 나오면서 출력물이 만들어진다. 재료의 특성에 따라 미리 바둑판 모양으로 성기게 바닥을 만들고 그 위에 출력을 하기도 한다. 이런 바닥면을 라프트라고 한다. 라프트Raft를 잘 까느냐 그렇지 못하냐에 따라서 전체 출력에 영향을 미치기 때문이다. 이 장에서는 좋은 출력물을 내기 위한 노하우 및 관련 지식을 하나하나 살펴보자.

품질을 높이는 상식

조금이라도 시행착오를 덜 겪고 낭비되는 시간과 자원을 절약하려면 많이 알고 미연에 실수를 방지하는 것이 가장 좋다. 그간 출력하면서 겪은 경험을 모아 미리 알아두면 좋은 출력 상식들을 정리해보았다.

- 질 좋은 출력물을 얻으려면 레이어라는 개념을 반드시 이해해야 한다. 레이어란 필라멘트와 필라멘트 간의 간격이다. 3D 프린터의 출력 품질에 가장 크게 영향을 미치는 것은 바로 레이어 높이다. 레이어는 간격이 좁으면 좁을수록 정밀한 레이어, 다시 말해 매끄러운 표면을 표현할 수 있으므로 세밀하게 표현되며 레이어의 수치가 높으면 표면이 거칠게 나온다. 레이어가 좁을수록 속도는 느려지므로 상황에 따라 레이어 높이를 적절히 조절해야 한다. 출력물을 관찰해 보면 작은 패턴이 발견되는데 레이어의 높이, 즉 수치가 적을수록 정교하게 나오게 된다.
- 3D 프린팅 될 때 에러가 나거나 출력이 제대로 되지 않는 이유는 노즐에서 필라멘트가 원활하게 나오지 않거나 출력판에 필라멘트가 제대로 붙지 않아서 발생되는 경우가 대부분이다.
- 여러 개를 한 번에 출력하는 것이 시간을 절약하는 지름길이다.
- 면적이 넓을수록 자연 냉각 효과가 있어 빠른 속도로 출력 가능하다**초당 60밀리미터 이상**. 높이가 높아질수록 수축 현상으로 인한 갈라짐이나 휨이 발생할 가능성이 높다.
- 출력 속도가 빠르면 엉성한 형태로 출력되거나 레이어가 겹쳐서 출

력될 수도 있다.
- 출력할 때 속도가 너무 빠르면 축이 변경되거나 구멍이 날 수도 있다.
- 노즐과 출력판의 간격이 너무 가까우면 노즐이 막힐 수 있다.
- 노즐 사이즈가 작으면 작을수록 속도는 느려지고 품질은 올라간다.
- 속도가 빠르면 레이어 간 간격이 늘어나면서 불량이 생긴다. 이것은 대부분의 FDM 방식의 프린터에 발생되는 문제다. 대략 50 정도가 가장 무난하나, 출력물의 특징도 고려해야 한다.

미리 알아두면 좋은 오류 예방과 해결법

3D 프린팅을 하면서 발생되는 오류는 직접 해보지 않으면 모르는 경향이 있고, 오류가 발생된다 하더라도 원인이 뭔지 몰라 아까운 시간을 허비하는 일도 흔하다. 주로 발생되는 오류들을 몇 가지 소개한다.

출력판에 필라멘트가 제대로 붙지 않을 때

대부분의 FDM 방식 프린터의 경우 바닥이 평평하지 않거나 필라멘트에 문제가 있으면 출력할 때 물체가 바닥에 제대로 붙지 않는다. 예를 들어 네 개의 긴 다리를 출력할 때 실패할 가능성이 높다. 긴 다리를 출력하면서 노즐과 긴 다리가 부딪쳐서 망가지는 경우가 종종 있기 때문이다. PLA의 경우 글루건을 사용하여 이러한 문제를 쉽게 문제를 해결할 수 있었다. 가장 중요한 라프트와 서포터를 출력할 때까지 기다린다. 약간 불

라프트를 까는 모습. 노즐을 통해 나온 흰색 재료를 바로 라프트라고 하는데, 출력판에 엉성한 모양으로 깔아서 출력물의 열수축 현상을 완화한다.

안하다 생각되면 글루건으로 서포터나 라프트를 고정시켜 큰 문제없이 출력을 완성할 수 있다. 그렇지 않을 경우, 실패하여 필라멘트가 엉뚱한 곳에 붙는다든지 제대로 된 결과물을 얻을 수 없기도 한다. 글루건은 저렴한 해결책이지만, 문제를 해결하기에는 충분한 방법이다. 글루건을 바닥에 까는 것이다. 또 다른 팁으로 ABS 필라멘트 출력의 경우 헤어스프레이를 사용하기도 한다. 출력 전에 출력판에 살짝 뿌려주는 것이다. 바닥에 특수 플라스틱 테이프를 쓰는 것도 한 방법이다.

출력에 100% 성공하는 필살기

3D 프린팅에서 실패에 가장 많은 이유는 출력물이 바닥에 잘 붙지 않아서일 경우가 많다. 때론 실패하면 절대 안 되는 상황이 있다. 지금 소개하는 노하우는 ABS 필라멘트에 유용하다. 준비물은 플라스틱 폴리스터 필름 테이프다. 이 테이프는 일반 테이프에 비해서 열에 매우 강하여 높은 온도에도 녹지 않는다. 출력판에 이 테이프를 붙이면 출력판 위에 필

라멘트가 잘 붙는다. 여기서는 덕성 하이텍이라는 제품을 사용했다.

출력 직후 라프트를 깐 다음 실제 제품을 출력할 때 순간접착제를 라프트 바깥쪽에 골고루 바른다. 이렇게 하면 노즐이 순간접착제에 묻을 일이 없기 때문에 안전하게 결과물을 얻어낼 수 있다. 그러나 나중에 출력된 제품을 뜯어낼 때 폴리스터 필름이 손상되어서 다시 폴리스터 필름 테이프를 붙여야 하는 번거로움이 있다. 폴리스터 필름을 사용해도 잘 붙지 않는다. 거기다 ABS를 출력할 때에는 출력판에서 110도 고열이 발생되다 보니 처음에는 붙다가 떨어져나가는 일이 매우 흔하게 발생된다. 여기서 순간접착제를 사용하면 문제없이 출력이 가능한다. 뜨거운 출력판에 순간접착제를 바르면 강한 유독가스가 나온다. 3D 프린팅을 할 때는 마스크나 보호 안경을 쓰고 작업할 것을 추천한다. 매우 위험하니 늘 섬세한 주의가 요구된다.

폴리스터 필름 테이프.

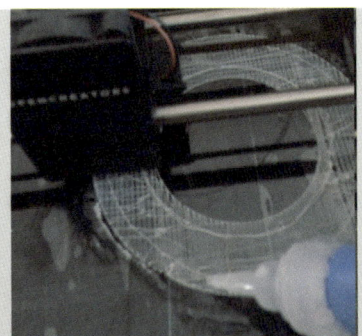
출력 직후 라프트(raft)를 깐 후에 출력물 테두리에 순간접착제를 적용.

둘째로 아세톤을 이용한 방법이다. 출력판에 아세톤 100퍼센트 용액을 바닥에 골고루 바르면 잘 붙는다. 그렇게 하면 라프트가 잘 붙기 때문에 실패할 확률이 적어진다. 아세톤 100퍼센트 용액은 인터넷으로 쉽게 구입할 수 있다.

복잡한 구조물은 분리하여 출력하기

출력할 물체를 잘 분리하여 출력한 다음 이를 조립하면 원하는 결과물을 얻을 수 있다. 만약 출력물이 인체 피규어라면 통째로 뽑는 것보다 팔, 다리, 얼굴 등을 분리하여 효과적으로 출력하는 식이다. 그렇게 되면 출력물의 방향과 각도가 조절되면서 중요한 부분과 중요하지 않은 부분을 구별할 수 있으며 결과물 또한 만족스러울 것이다. 그리고 모델링 할 때 연결 조인트joint의 암수를 구분하여 제작하면 조립할 때 매우 효율적이다.

머리카락 같은 매우 사실적인 부분을 출력할 때

3D 프린터에서 피규어의 머리카락 출력은 매우 어려운 부분이다. 이것이 FDM 방식이라면 더욱 그렇다. 그래서 나는 머리 없이 출력 후 퍼티 피규어를 만들 때 사용하는 찰흙를 이용해서 디테일을 만든다. 그렇게 되면 좀 더 자연스러운 디테일 연출이 가능하다.

출력할 3D 오브젝트에 구멍이 있을 때

모델링에서 출력물의 속이 채워지지 않았거나 접합이 잘 되지 않았다면 출력물이 제대로 나오지 않는다. 그럴 경우 오브젝트의 구멍을 모두 채워주어야 한다. 마야에서는 인필Infill이라는 기능을 사용하여 구멍을 메울 수 있다. 아니면 매직이나 매시믹서를 이용하여 구멍을 메워야 한다.

필라멘트가 원활하게 나오지 않는다고 느껴질 때

올리브 오일을 필라멘트에 한 방울 바르면 효과가 있다. 출력하면서 어딘지 제대로 출력되지 않고 마치 풀처럼 출력되는 현상이 발생될 때는 필라멘트에 문제가 있을 가능성이 높다. 필라멘트에 너무 많은 수분이 들어갔다거나 반대로 너무 말라버려도 그런 현상이 일어난다. 그럴 때 다시 필라멘트를 로드삽입해보고 그것도 안 되면 올리브 오일을 사용해보기를 권한다. 에디슨 제품은 권장하나 타사 제품은 제조사에 확인 후 사용해야 한다.

필라멘트가 안 나올 때

이런 상황에서는 재빨리 실행 중인 프린팅을 멈추고 필라멘트를 다시 로딩한다. 그러면 필라멘트가 제대로 나온다. 손으로 노즐에 필라멘트를 밀어넣는다.

ABS 출력 시 갈라져 나올 때

ABS로 출력할 때 외부 온도에 매우 민감하기 때문에 갈라지는 현상이 발생한다. 이럴 때는 이불이나 봉투로 출력되고 있는 3D 프린터를 감싸주면 갈라지는 현상을 조금은 막을 수 있다.

ABS는 열에 민감하기 때문에 출력중 갈라지는 현상이 나타나기도 한다.

필라멘트의 노즐을 청소하는 간단한 방법

필라멘트를 계속 사용하다 보면 제조사들마다 약간씩 다르지만 특히 검정색을 사용하면 할수록 노즐 위쪽에 노폐물이 발생할 때가 있다. 그 탓에 노즐이 막히거나 필라멘트가 제대로 나오는 것이 방해되는 경우가 종종 있다. 이럴 때는 필라멘트를 로딩할 때 살짝 손으로 강제로 밀어넣었다가 빠르게 잡아 빼면 노즐 안에 찌꺼기들이 같이 빨려 나오게 된다.

피규어의 의상과 몸통을 출력할 때 주의 사항

피규어의 옷과 몸을 출력할 때는 몸통과 의상을 반드시 하나로 합쳐야 한다. 그런 명령 없이 바로 STL 파일로 만들면 문제가 발생한다. 즉 몸통과 의상이 접하는 부분의 틈이 벌어져서 이상하게 출력되는 것이다. 마야나 맥스에서 STL을 만들 때 컴바인 하면 큰 문제없이 출력할 수 있다. 이러한 문제는 6단계에 있는 '모델링 하기 전에 반드시 확인해둘 것'에서 설명한 바 있다.

프린팅 속도

프린팅 속도가 너무 빠르면 출력물이 바닥에 붙지 않거나 불안정하게 붙을 수 있다. 그러므로 기본 초당 45밀리미터에 가속도는 초당 50밀리미터로 해놓고 천천히 출력하면 웬만해서는 큰 문제가 발생되지 않는다.

노즐의 온도 센서에 문제가 생길 때

노즐 센서에 문제가 생기면 다음 그림과 같이 Heating failure라고 뜬다. 그럴 경우 제조사에 도움을 요청하여 센서를 교환하여야 한다. 온도 센서가 작동이 되지 않았기 때문에 발생되는 문제다.

온도 센서에 문제가 생기면 메시지가 나타난다.

메모리 카드에 문제가 발생될 때

메모리 카드에 문제가 발생되면 다음과 같은 에러 메시지가 나타난다.

이럴 경우 개인이 할 수 있는 매뉴얼이나 임기응변이랄 것이 없다. 안타깝지만 처음부터 다시 만드는 것이 오히려 시간이 절약될 것이다.

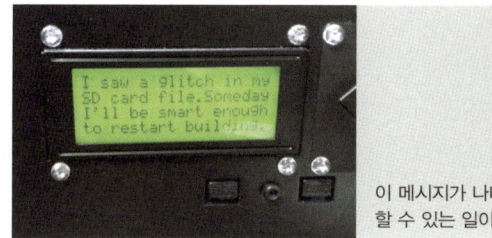

이 메시지가 나타나면, 개인으로서는
할 수 있는 일이 한정된다.

외부의 온도

외부의 온도가 너무 낮으면 출력하는 중에 필라멘트가 너무 빨리 식으므로 모양이 틀어질 수 있다. 그러므로 너무 추운 곳에서의 출력은 피하는 것이 좋다. 겨울철에 창문을 열어놓으면 출력을 망칠 수 있으니 유의한다. 가을이나 봄 날씨에도 야외에서 출력하는 것은 좋은 생각이 아니니 각별히 조심할 것. 만일 야외에서 한다면 비닐 봉투를 씌워주자.

프린터 보드 파손 문제

프린터가 잘 작동되지 않는다고 프린터를 스위치를 껐다 켜기를 반복하면 프린터의 메인 보드에 무리가 가서 메인 보드가 손상될 가능성이 높다. 그러니 작동 중에는 가능한 오프시키지 말고 매뉴얼로 작업을 멈추는 것이 좋다.

그리고 작동 중에는 쇳덩어리를 이용하여 함부로 프린터를 만져서는 안

된다. 부품과 부품 사이에 쇠가 닿으면서 고장을 일으키는 경우가 있다.

완성도를 결정짓는 후가공

3D 프린팅 후에 이루어지는 후가공에는 여러 가지 방법이 있다. 프린팅된 결과물의 질에 따라 각기 다른 후가공법이 쓰인다. FDM 방식 프린터의 출력물은 표면이 다소 거칠기 때문에 상품화를 위해서는 후가공이 필수적이다. DLP와 SLA 방식은 비교적 표면이 매끈하게 나오기 때문에 후가공이 크게 필요한 것은 아니지만, 서포터를 제거해주고 서페이서를 뿌려주어야 깔끔한 느낌을 연출할 수 있다. 출력물마다 조금씩 차이는 있겠지만, 후가공의 기본 방식은 거의 같다.

- **표면정리** 출력물의 표면을 매끈하게 표면 처리
- **퍼터 작업** 출력물의 단차, 구멍을 메운다.
- **사포** 거친 표면을 다듬는다.
- **서페이서 작업** 흠집을 메우고 밑칠 효과를 준다.
- **도색 작업 및 마감재** 미적인 요소를 가미한다.

출력물의 표면 처리

다음 그림을 보자. 맨 오른쪽은 FDM 방식에서 출력한 후 아무 가공도 하지 않은 상태. 229쪽 그림에서 가운데 출력물은 원본인 오른쪽 출력

왼쪽은 아세톤 후가공을 제대로 거친 출력물이고, 가운데는 사포질해준 출력물, 오른쪽은 후가공을 전혀 거치지 않은 출력물이다.

물에 사포질을 한 결과다. 아세톤을 가열하여 맨 오른쪽의 출력물에 아세톤 증기를 쐬면 맨 왼쪽과 같이 표면이 매끈하게 처리된다. 유튜브에서 'acetone ABS'라고 검색하면 아세톤 후가공을 거친 다양한 샘플을 확인할 수 있다. 단, PLA 필라멘트는 아세톤의 영향을 받지 않는다.

퍼티 작업

퍼티는 출력물에 구멍이 있다거나 다른 문제가 있을 때 구멍을 메우는 것이다. 에폭시 퍼티를 사용한다. 경화제와 주경화제로 구성되어 있고 정

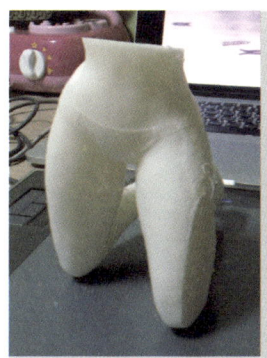  

퍼티 작업으로 후가공을 하는 단계.

확하게 반반을 섞으면 30분 안에 단단하게 굳게 된다. 그러나 퍼티를 발라줘도 그렇게 매끄럽게 되지 않는다. 매끄럽게 하기 위해서는 서페이서surfacer를 뿌리고 다시 사포질을 하고 다시 서페이서를 뿌리는 과정을 반복해야 한다아래 예제 참조.

앞서 나온 그림에서 왼쪽은 퍼티 적용 전 다리 부분이 완전하게 출력되지 못한 여자 캐릭터다. 출력물에서 허벅지와 허리가 분단된 틈에 퍼티를 적용한다. 사포질하기 바로 전 단계라고 할 수 있다. 1차 후가공을 거친 다음, 서페이서를 뿌리기 직전이다. 사포질을 하고 퍼티를 바르고 사포질을 하고 또 퍼티를 바르는 작업을 반복하면 매끈한 표면이 완성된다. 233쪽 그림은 퍼티 작업이 진행 중인 모습이며, 작업이 마무리되면 깨끗한 제품을 얻을 수 있다.

사포 작업

우선 출력 후에 사포질로 표면을 살짝 다듬는다. 400방에서 1400방짜리 사포를 이용하는데 번호가 낮을수록 거칠고 번호가 높을수록 부드럽다. 처음에는 낮은 번호부터 시작해서 점차 높은 번호의 사포를 사용하면서 표면을 정리한다.

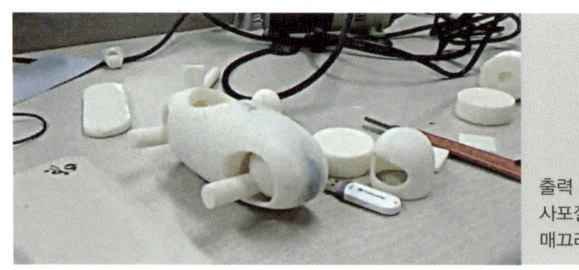

출력 후 거친 표면을
사포질로 다듬으면
매끄러워진 표면이 된다.

서페이서 작업

사포질을 한 후에는 서페이서프라이머를 뿌려준다. 이때 주의할 점은 손을 움직이면서 골고루 뿌려주어야 한다는 것이다. 서페이서가 마른 다음에 다시 사포질을 하고 또 서페이서를 뿌리는 과정을 두세 반복하면 매우 매끈한 면을 만들어낼 수 있다. 서페이서는 거친 표면에는 낮은 번호로, 부드러운 표면에는 높은 번호로 작업한다.

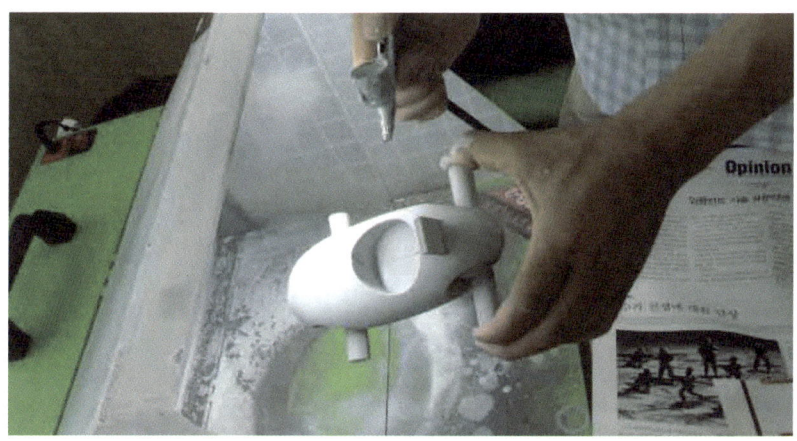

에어브러시를 이용하여 도색한다.

  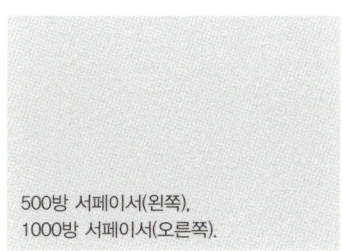

500방 서페이서(왼쪽), 1000방 서페이서(오른쪽).

위 그림은 캔 타입의 서페이서다.

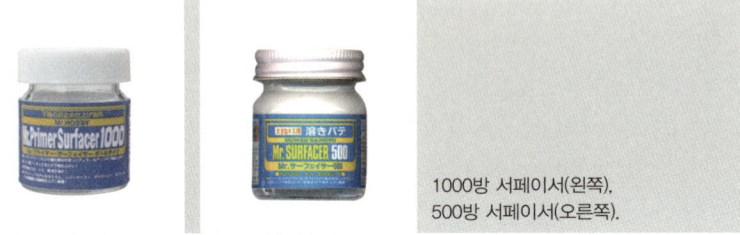

1000방 서페이서(왼쪽),
500방 서페이서(오른쪽).

앞서 나온 그림의 병 타입은 에어스프레이용 서페이서다. 에어스프레이용 서페이서는 락커 신나를 적절히 섞어서 사용해야 한다. 서페이서만으로 에어스프레이를 사용하면 분사되지 않는다. 서페이서는 건담샵 http://gundamshop.co.kr, 아가미 모델링http://www.agamimodeling.co.kr 같은 프라모델 사이트나 조립식 키덜트샵에서 쉽게 구입할 수 있다.

도색 작업 및 마감재 칠하기

도색 작업은 락카 스프레이를 사용했다. 최후 마감재는 투명 코팅 스프레이 사용했다. 붓을 사용하지 않고 스프레이를 사용하는 이유는 붓 자국이 지저분하게 생기는 것보다 스프레이가 더 깔끔하게 표현되기 때문이다. 비가 오는 습기가 많은 날에는 절대 도색하지 않는 것이 좋다. 그 이유는 높은 습도로 인해 도색 품질이 많이 떨어지기 때문이다. 도색 작업을 마치고 나면 출력물이 한층 퀄리티 있는 제품으로 보일 것이다.

 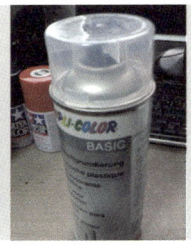

도색 작업에는 컬러 스프레이나 에어브러시를 사용하며, 투명 마감재는 마무리 품질을 높이는 데 유용하다.

모든 후가공을 마쳤다면, 거칠고 엉성해 보이기만 했던 출력물이 다음과 같은 시제품으로 완성된다.

후가공 처리 후 도색까지 마친 출력물. 완성 후 마감재를 사용하여 좀 더 매끈한 느낌을 준다.

후가공 처리는 매우 어렵고 힘든 작업이다. 그러나 다양한 경험을 통해서 자기만의 작품 세계를 만들어 낼 수 있는 매우 창조적인 작업이다. 후가공 처리를 할 때는 반드시 마스크와 보호 비닐장갑을 사용하여 혹시라도 일어날 사고를 대비하는 것이 좋다. 채색할 때는 깡통 스프레이도 좋지만 품질이 담보된 작품을 만들기 위해서는 에어브러시의 사용 방법 등에 관해서 알고 있으면 매우 도움이 된다.

부록 1

꼭 짚고 넘어가야 할 질문과 답

Q:
창업을 준비하는 사람인데 현재 3D 프린팅 시장은 한마디로 어떤 상황인가요?

A:
현재 3D 프린터 시장은 매우 복잡한 양상을 띠고 있습니다. 언론에서는 계속 장밋빛 미래를 얘기하고 있고 정부에서는 천만 명 교육을 하겠다고 발표를 했습니다. 3D 프린팅 사업을 하면서 제가 현장에서 느낀 흥미로운 점은 언론과 정부에서 하는 이야기들이 예비 창업자나 소비자들을 혼동시키고 있다는 점입니다. 우선 한 가지만 말씀드리고 싶습니다. 3D 프린팅 기술은 언론에서 말한 것처럼 당장 적용시켜 큰 변화를 일으키기에는 아직 기술적인 부분과 여러 문제가 여전히 남아 있다는 것입니다. 기술적인 문제라고 한다면, 출력물의 표면이 거칠어 완제품을 출력하기 힘들다거나, 복잡한 구조를 가졌다면 출력이 더 어렵다는 점 등이 있겠지요. 흔히 회자되는 해외의 적용사례들은 고가의 장비, 즉 1억 원 이상의 장비에서 출력한 것이 대부분이며 우리가 완제품에 가깝다거나 새롭다고 감탄하는 것들 역시 대부분 억대 장비의 출력물입니다. 그런데 막상 일반 소비자들이 3D 프린터를 배우려고 하면 200만 원대의 저가 FDM 방식 프린터로 교육이 이루어집니다. 억대 장비는 대학이나 연구기관에서만 사용 가능하며 재료도 킬로그램당 80~100만 원대여서 대량생산은 불가능합니다. 인쇄 속도도 느립니다. 그러나 여러 제약사항에도 불구하고 문제를 해결하는 방법은 존재합니다. 예를 들어 고가의 3D 프린터로 출력한 결과물을 실리콘 복제하여 판매하는 것도 한 방법으로 쓰입니다.

Q:
컬러 출력이 가능한 3D 프린터는 어떤 것이 있나요?
저가 프린터 중에서 컬러 출력이 되는 기계는 없나요?

A:
최근 저가의 컬러 3D 프린터가 출시되고 있습니다. 실용성을 담보하기는 어려운 수준입니다. 현재로서는 상업적인 이용보다는 샘플 제작이나 테스트용으로 적당해 보입니다. 상업적으로 이용하기 위해서는 5천만 원에서 1억 원 상당의 Z프린터 시리즈를 추천합니다.

Q:
재료는 어떻게 저렴하게 살까요?
중국산 재료, 믿고 쓸 수 있나요?

A:
중국산이 모두 나쁘다고 생각하지는 않습니다. 써보고 좋은 게 있는지 확인하는 작업은 누구에게나 필요한 일입니다. 저의 경험으로는 저가 필라멘트를 사용했을 때 노즐에 문제가 생겨 노즐을 교체하기도 했기 때문에 저가 제품을 사용하지 않는 편입니다. 가격이 있더라도 제대로 된 제품을 사용하는 편이 시간이나 효율적인 부분에서 나을 수도 있습니다. 예를 들어, SLA 레진 경우 해외 레진은 운송료를 포함하면 거의 20만 원대이나 국산 레진은 7만 원에서 10만 원 미만이라 비용을 절감하기 좋습니다. 그러나 냄새가 매우 심해서 사용하기 아주 어렵다는 단점이 있습니다. 자신의 현재 상황에서 장단점을 따져 사용하는 것이 중요합니다.

Q:
기존의 산업이나 기술에 3D 프린터를 접목시켰을 때 전망 있는 사업은 무엇인가요?

A:
현재 가장 유망한 시장은 교육산업입니다. 표면을 완벽하게 처리하는 프린터가 출시되지 않고서야 당분간 개인용 프린터 시장은 TV나 냉장고를 구입하듯 갖춰놓기에 아직 이른 감이 있습니다. 앞으로 표면이 완벽하고 개인들이 쉽게 사용할 수 있는 프린터가 출시된다면 퍼스널 컴퓨터가 그러했듯 큰 변화가 예상됩니다. 당장 전력을 다하여 큰 도약을 바라기보다는 꾸준히 3D 프린터 시장에 관심을 갖고 내실을 다지는 전략이 현명하다고 생각합니다.

Q:
보통 얼마나 크게 출력하나요?

A:
개인이 쓰는 FDM 기기로 출력하는 크기는 15센티미터 정도이며 크다면 여러 조각으로 나누어 출력한 다음 이어 붙이는 식으로 완성합니다.

Q:
어떤 소프트웨어를 써야 할까요?

A:
캐드와 Z브러시를 적극 추천합니다. 캐드에는 여러 가지 소프트웨어가 있는데 그중에서도 퓨전 360이 쉽고 기능이 강력합니다. 학원에서는 123D 디자인으로 수업을 하지만 이 소프트웨어는 매우 제한적인 도구여서 한계가 있습니다. 제대로 디자인을 하려면 최소한 퓨전 360은 사용할 줄 알아야 합니다. 퓨전 360은 오토데스크 인벤터의 라이트 버전으로 클라우드 기반의 매우 직관적인 소프트웨어입니다. 디자인 툴과 캐드 툴의 장점을 가지고 있어서 사용자가 매우 쉽게 모델링할 수 있도록 설계되어 있습니다. 퓨전 360의 경우 한두 달 안에 어느 정도 다룰 수 있어 제품 개발도 가능합니다. 그러나 일반 캐드의 경우 숙달되기가 쉽지 않기 때문에 지속적인 공부가 필요합니다.

Q:
**기술이 너무 빠르게 바뀌니 프린터를 사는 게 아깝습니다.
며칠 지나면 신제품이 나오니 도대체 어떤 프린터를 구입해야 할까요?**

A:
가능한 한 빨리 사서 원하는 것을 만들면서 배우는 편이 유리합니다. 기본적인 개념은 바뀌지 않습니다. 본질에 충실하며 내공을 키워가는 것이 유리할 듯합니다.

Q:
FDM 방식 괜찮나요?

A:
1년 전에 FDM 방식을 쓸 때는 단점을 더 크게 봤습니다. SLA나 DLP가 활성화되면 바로 사라질 제품이라고 강하게 믿었죠. 하지만 FDM 방식은 정말 많은 발전을 했습니다. 전에는 FDM으로 상업화된 제품을 만들기 어렵다고 생각했지만 조금씩 생각이 바뀌고 있습니다. FDM 방식의 3D프린터는 점차 발전하고 있기 때문에 앞으로 어떻게 될지 매우 기대가 됩니다. 저의 소견으로는 FDM이 상상을 초월한 발전으로 3D 프린터의 표준이 될 수도 있을 듯합니다. FDM 방식의 다음 세대인 DLP와 SLA 방식이 사용하기 어렵고 여러 제약사항도 있기 때문입니다. 대표적인 예로, 관리 면에서 액체 원료를 담는 용기를 주기적으로 바꿔야 하며 재료도 15만 원 안팎으로 저렴하지 않기 때문입니다.

Q:
국내 대기업은 왜 3D 프린터를 한다고 선언하지 않는 것인가요?

A:
현재까지 FDM 방식은 완제품에 가까운 제품을 출력하기에는 품질이 떨어지기 때문에 대중화가 어렵고 현재 얼리 어답터에게만 보급된 상황입니다. 상황은 달라지겠지만, 현재 이 시점에서는 상업화하기 어렵습니다.

Q:
미래에는 냉장고처럼 3D 프린터가 보급될까요?

A:
3D 프린터가 발전된 선진국도 아직까지는 매니아들만 사용하고 있습니다. 하지만 보급률이 높아지고 있으며, 특히 중국의 3D 프린터 업계가 주목됩니다. 현재 시장에서 매우 평판이 좋은 업플러스 2는 중국 회사의 제품으로 우리나라는 중국에 비해 3~5년 정도 기술이 뒤처져 있는 상황입니다.

Q:
3D 프린팅 사업을 할 때 가격은 어떻게 정하나요?

A:
자신이 작업한 시간을 정하여 가격을 산정하는 것이 가장 깔끔합니다. 예를 들어 하루 일당이 30만 원일 때 3일 일하면 90만 원 + 유지비/재료비/세금 대략 150만 원 정도로 계산하는 식입니다.

재료비는 ABS 필라멘트가 2만 원선입니다. 출력소마다 약간씩 다르기는 하나 한 시간에 천 원가량 돈을 받고 출력합니다. 고가의 3D 프린터는 재료비도 비싼 편입니다.

Q :

재료에는 어떤 것이 있나요?
모든 것을 재료화시킬 수 있다고 들었는데 가능한가요?
음식이나 플라스틱을 재료로 하면 똑같이 적용이 가능한가요?

A :

재료에 따라 프린터의 구조 및 사용법이 다르긴 하지만 기본적으로 노즐에서 재료를 한 가닥씩 뽑아서 만든다는 기본 원리는 변하지 않습니다. 예를 들어 초콜릿을 출력하는 3D 프린터는 주사기 모양에 초콜렛을 보관하여 재료를 분사하는 방식입니다.

Q :

3D 프린팅 사업으로 수익을 내는 사람들은 어떤 사람들인가요?

A :

3D 프린터는 매력적인 방식인 것은 확실하지만 속도가 느립니다. 고가 프린터는 재료비가 너무 비싸다는 것이 단점으로, 실제로 수익을 내기가 그렇게 쉽지 않습니다. 이런 상황에서는 교육 사업이, 특히 정부 지원을 받는 식의 교육이 현실적으로 3D 프린팅과 관련하여 당장 이익을 내는 사업입니다. 덧붙여 고가의 3D 프린터가 아니고서는 수익을 내는 것은 개인의 디자인 능력에 달려 있기도 합니다.

창의적인 아이디어를 개발하며 연구하는 자세가 필요합니다. 저 또한 계속해서 사람들과 새로운 것을 만들어 내고 있습니다.

Q:
재료의 가격은 대체로 어떻게 되나요?

A:
일반적으로 FDM 방식에서 ABS와 PLA 필라멘트를 사용합니다. ABS 필라멘트의 경우 2만 원에서 2만 5천 원이며 PLA 필라멘트는 3만 원에서 3만 5천 원이라는 가격에 판매되고 있습니다. 해외, 특히 중국산의 경우 가격이 매우 저렴하고 하드웨어의 특성에 따라 맞는 제품도 있겠으나 해외 제품을 사용하는 데 신중할 것을 조언드립니다. 처음에는 잘 나올지 모르겠으나 노즐이 막히거나 뭔가 문제를 일으키는 주범이 될 수 있기 때문입니다. 새로운 재료를 사용할 때는 본격적으로 출력하기 전에 충분한 테스트를 해보길 권합니다.

Q:
예전 컴퓨터가 등장한 것과 비교해서
지금 3D 프린터는 어떤 상황인가요?

A:
3D 프린터 시장은 퍼스널 컴퓨터의 대중화를 이끌었던 애플의 컴퓨터 같은 스타를 원하고 있는 상황입니다. 다양한 3D 프린터가 출시되었지만 퍼스널 3D 프린터의 대중화를 만족시키는 기계는 없습니다. 퍼스널 3D 프린터의 세 가지 조건은 다음과 같습니다.

종이 2D 프린터와 같이 완벽한 품질

빠른 인쇄 속도

저렴한 유지 비용

폼원이라는 3D 프린터가 대중화 가능한 제품으로 꼽히기도 하지만 아직 퍼스털 프린터의 조건을 충족하기 애매한 부분이 있습니다.

SLA 방식의 3D 프린터 폼원 플러스의 경우 액체 원료의 탱크를 15~20번에 한 번씩 주기적으로 교환해야 하며 액체 레진의 가격 또한 일반 소비자들이 부담하기에는 너무 높습니다.

부록 2

3D 프린터, 꼼꼼히 비교하고 구입하자

3D 프린터로 뭔가 시작하려 한다면, 직접 구입하여 다양하게 출력해보았으면 한다. 거듭 강조하는 이유는, 실제 해보지 않고서는 그 가능성과 한계를 체감할 수 없기 때문이다. 여기에 국내외 프린터를 사양별로 정리해보았다. 자신의 목적과 환경과 비교하며 구입 전 참고가 되기를 바란다.

국가	대한민국
제조사	(주)로킷
모델명	**3DISON PLUS**
프린팅 기술	FFF
출력물 최대 크기	225×145×150mm
가격	1,750,000원
홈페이지	http://www.3disonprinter.com/

국가	대한민국
제조사	(주)로킷
모델명	**3DISON H-700**
프린팅 기술	FFF
출력물 최대 크기	290×205×700mm
가격	7,500,000원
홈페이지	http://www.3disonprinter.com/

국가	미국
제조사	MakerBot
모델명	**REPLICATOR MINI**
프린팅 기술	FDM
출력물 최대 크기	100×100×125mm
가격	1,375달러
홈페이지	http://store.makerbot.com/

국가	대한민국
제조사	(주)로킷
모델명	**3DISON PRO**
프린팅 기술	FFF
출력물 최대 크기	290×205×255mm
가격	4,500,000원
홈페이지	http://www.3disonprinter.com/

국가	미국
제조사	3D Systems
모델명	**Cube® 3**
프린팅 기술	Plastic Jet Printing (PJP)
출력물 최대 크기	152.5×152.5×152.5mm
가격	999달러
홈페이지	http://www.3dsystems.com/

국가	중국
제조사	Makex
모델명	**Makex M-one**
프린팅 기술	DLP-SLA
출력물 최대 크기	145×110×170
가격	1,699달러
홈페이지	http://makex.com/

국가	미국
제조사	Cobblebot
모델명	**Cobblebot 3D Printer**
프린팅 기술	FFF
출력물 최대 크기	381×381×381mm
가격	299달러
홈페이지	http://www.kickstarter.com/projects/cobblebot/cobblebot-3d-printer

국가	대만
제조사	XYZprinting
모델명	DA VINCI 1.0
프린팅 기술	FFF
출력물 최대 크기	200×200×200mm
가격	69,800엔
홈페이지	http://jp.xyzprinting.com/Product

국가	미국
제조사	Printrbot
모델명	Assembled Simple
프린팅 기술	FFF
출력물 최대 크기	150×150×150mm
가격	599달러
홈페이지	http://pintrbot.com/

국가	영국
제조사	Robox
모델명	CEL Robox® Dual Nozzie 3D Printer
프린팅 기술	FFF
출력물 최대 크기	210×150×100mm
가격	849유로
홈페이지	http://robox.cel-uk.com/

국가	미국
제조사	3D systems
모델명	CubePro™ (single head printer)
프린팅 기술	Plastic Jet Printing (PJP)
출력물 최대 크기	273×273×241mm
가격	2,799달러
홈페이지	http://www.3dsystems.com/

국가	대한민국
제조사	포머스팜
모델명	스프라우트(싱글 노즐)
프린팅 기술	FFF
출력물 최대 크기	255×200×200mm
가격	1,980,000원
홈페이지	http://formersfarm.com/

국가	프랑스
제조사	Spiderbot
모델명	SpiderBot Full Kit v1.6
프린팅 기술	FFF
출력물 최대 크기	180mm diameter×180mm tall
가격	1445유로
홈페이지	http://www.spiderbot.eu/

국가	미국
제조사	3D systems
모델명	Projet® 1200
프린팅 기술	Micro-SLA
출력물 최대 크기	1.69×1.06×5.9 in
가격	4,900달러
홈페이지	http://www.3dsystems.com/

국가	미국
제조사	Stratasys
모델명	Mojo
프린팅 기술	FDM
출력물 최대 크기	127×127×127mm
가격	10,454달러
홈페이지	http://www.stratasys.com/

국가	폴란드
제조사	Jelwek
모델명	**Mark34 DIY Kit**
프린팅 기술	FFF
출력물 최대 크기	140×155×105mm
가격	491달러
홈페이지	http://jelwek.pl

국가	미국
제조사	CraftUnique
모델명	**CraftBot**
프린팅 기술	FFF
출력물 최대 크기	250×200×200mm
가격	699달러
홈페이지	http://craftunique.com/

국가	일본
제조사	OPENCUBE
모델명	**SCOOVO™ C170**
프린팅 기술	FFF
출력물 최대 크기	175×150×150mm
가격	194,400엔
홈페이지	http://www.open-cube.co.jp

국가	대한민국
제조사	포머스팜
모델명	**파인트리 2.5**
프린팅 기술	FFF
출력물 최대 크기	230×195×205mm
가격	1,485,000원
홈페이지	http://formersfarm.com/

국가	영국
제조사	sumpod
모델명	**SUMPOD MEGA**
프린팅 기술	FFF
출력물 최대 크기	600×600×600mm
가격	4,000유로
홈페이지	http://www.sumpod.com/

국가	싱가폴
제조사	PRTABEE
모델명	**Portabee GO**
프린팅 기술	FFF
출력물 최대 크기	120×160×120mm
가격	595달러
홈페이지	http://portabee3dprinter.com/

국가	중국
제조사	MBot 3D
모델명	**MBot Grid II**
프린팅 기술	FFF
출력물 최대 크기	250×220×190mm
가격	1,399달러
홈페이지	http://www.mbot3d.com/

국가	캐나다
제조사	MiXSHOP
모델명	**Mix G1 Plus Kit**
프린팅 기술	FFF
출력물 최대 크기	160×160×160mm
가격	489캐나다 달러
홈페이지	http://www.mixshop.com/

국가	독일
제조사	RAPID
모델명	iRapid BLACK 3D Printer
프린팅 기술	FFF
출력물 최대 크기	100×100×100mm
가격	1,360달러
홈페이지	http://www.irapid.de/

국가	네덜란드
제조사	FELIX printers
모델명	3d printer Felix 3.0, assembled
프린팅 기술	FFF
출력물 최대 크기	255×205×235mm
가격	2,040달러
홈페이지	http://shop.felixprinters.com/

국가	미국
제조사	HYREL 3D
모델명	HYREL System 30
프린팅 기술	FFF
출력물 최대 크기	225×200×200mm
가격	3,995달러
홈페이지	http://www.hyrel3d.com/

국가	미국
제조사	AFINIA 3D
모델명	Afinia H-Series 3D Printer
프린팅 기술	FFF
출력물 최대 크기	140×140×135mm
가격	1,299달러
홈페이지	http://www.afinia.com/

국가	벨기에
제조사	Tripodmaker
모델명	Tripodmaker 3D Printer
프린팅 기술	FFF
출력물 최대 크기	300mm Diameter×420mm(H)
가격	1,400유로
홈페이지	http://www.tripodmaker.com/

국가	대한민국
제조사	(주)로킷
모델명	3DISON MULTI
프린팅 기술	FFF
출력물 최대 크기	270×148×180mm
가격	2,350,000원
홈페이지	http://www.3disonprinter.com/

국가	캐나다
제조사	TINKERINE
모델명	DITTO PRO
프린팅 기술	FFF
출력물 최대 크기	225×165×205mm
가격	1,899달러
홈페이지	http://www.tinkerine.com/

국가	이탈리아
제조사	KENT STRAPPER
모델명	VOLTA BETA
프린팅 기술	FFF
출력물 최대 크기	260×280×190mm
가격	1,633달러
홈페이지	http://www.kentstrapper.com/

국가	네덜란드
제조사	BUILDER
모델명	Big Builder(Dual)
프린팅 기술	FFF
출력물 최대 크기	220×210×665mm
가격	2,495유로
홈페이지	http://3dprinter4u.com/

국가	포르투갈
제조사	BEEVERYCREATIVE
모델명	**BEE THE FIRST**
프린팅 기술	FFF
출력물 최대 크기	190×135×125mm
가격	1,618유로
홈페이지	https://www.beeverycreative.com/

국가	미국
제조사	Formlabs
모델명	**Form1+**
프린팅 기술	SLA
출력물 최대 크기	125×125×165mm
가격	3,299달러
홈페이지	http://formlabs.com/

국가	미국
제조사	Autodesk
모델명	**Autodesk Spark 3D Printer**
프린팅 기술	SLA
출력물 최대 크기	-
가격	5,000달러
홈페이지	http://www.autodesk.com/campaigns/spark

국가	독일
제조사	EnvisionTEC
모델명	**Perfactory® 4 DSP**
프린팅 기술	DLP
출력물 최대 크기	160×100×160mm
가격	-
홈페이지	http://envisiontec.com/

국가	미국
제조사	Stratasys
모델명	**uPrint SE Plus**
프린팅 기술	FDM
출력물 최대 크기	203×203×152mm
가격	18,769달러
홈페이지	http://www.stratasys.com/

국가	미국
제조사	Stratasys
모델명	**uPrint SE**
프린팅 기술	FDM
출력물 최대 크기	203×152×152mm
가격	15,900달러
홈페이지	http://www.stratasys.com/

국가	미국
제조사	B9creator
모델명	**B9creator® 3D Printer**
프린팅 기술	DLP
출력물 최대 크기	77×102×203mm
가격	4,995달러
홈페이지	http://b9creator.com/

국가	대한민국
제조사	캐리마(carima)
모델명	Master EV
프린팅 기술	고해상도 DLP. 광학 엔진
출력물 최대 크기	80×45, 130×75, 200×112mm
가격	-
홈페이지	http://www.carima.co.kr/

국가	미국
제조사	Solidscape
모델명	3Z Studio
프린팅 기술	Smooth Curvature Printing
출력물 최대 크기	152×152×51mm
가격	24,650달러
홈페이지	http://www.solid0scape.com/

국가	미국
제조사	Airwolf 3D Printers
모델명	AW3D HD2x
프린팅 기술	FFF
출력물 최대 크기	280×200×300mm
가격	3,995달러
홈페이지	http://airwolf3d.com/

국가	미국
제조사	PIRATE3D
모델명	Buccaneer
프린팅 기술	FFF
출력물 최대 크기	145×125×150mm
가격	699달러
홈페이지	http://pirate3d.com/

국가	미국
제조사	Eventorbot
모델명	Eventorbot 3D Printer
프린팅 기술	FFF
출력물 최대 크기	150×100×125mm
가격	580달러
홈페이지	http://www.eventorbot.com/

국가	독일
제조사	fabbster
모델명	fabbsterG-kit
프린팅 기술	FFF
출력물 최대 크기	230×230×210mm
가격	2,721달러
홈페이지	http://www.fabbster.com/

국가	이탈리아
제조사	RObotfactory
모델명	3DLPrinter-HD
프린팅 기술	DLP
출력물 최대 크기	-
가격	-
홈페이지	http://www.robotfactory.it/

국가	홍콩
제조사	MAKIBLE
모델명	A6 HT Yellow
프린팅 기술	FDM
출력물 최대 크기	150×110×90mm
가격	300달러
홈페이지	http://www.makibox.com/

국가	아르헨티나
제조사	Trimaker
모델명	T-Element Kit
프린팅 기술	FFF
출력물 최대 크기	200×200×180mm
가격	3,061달러
홈페이지	https://www.trimaker.com/

국가	미국
제조사	Printeer
모델명	Printeer
프린팅 기술	FFF
출력물 최대 크기	150×100×125mm
가격	549달러
홈페이지	http://printeer.com/

국가	미국
제조사	LULZBOT
모델명	LulzBot TAZ 4 3D Printer
프린팅 기술	FFF
출력물 최대 크기	298×275×250mm
가격	2,914달러
홈페이지	http://www.luzbot.com/

국가	미국
제조사	botObjects
모델명	ProDesk 3D
프린팅 기술	FFF
출력물 최대 크기	275×275×300mm
가격	3,784달러
홈페이지	http://botobjects.com/

국가	이탈리아
제조사	Robotfactory
모델명	3D-ONE
프린팅 기술	FFF
출력물 최대 크기	245×245×245mm
가격	3,957달러
홈페이지	http://www.robotfactory.it/

국가	대만
제조사	ATOM
모델명	ATOM 3D Printer
프린팅 기술	FFF
출력물 최대 크기	210x310mm
가격	1,865달러
홈페이지	http://atom3dp.com/

국가	폴란드
제조사	zortrax
모델명	Zortrax M200 Plug@Print 3D Printer
프린팅 기술	FFF
출력물 최대 크기	205×205×185mm
가격	1,899달러
홈페이지	http://zortrax.com/

국가	미국
제조사	RoBo 3D
모델명	R1 "ABS+PLA Model" 3D Printer
프린팅 기술	FFF
출력물 최대 크기	254×228.6×203.3mm
가격	799달러
홈페이지	http://www.robo3dprinter.com/

국가	미국
제조사	MakerBot
모델명	Replicator 2X
프린팅 기술	FDM
출력물 최대 크기	246×152×155mm
가격	2,499달러
홈페이지	http://store.makerbot.com/

국가	미국
제조사	Formlabs
모델명	OWL Nano
프린팅 기술	SLA
출력물 최대 크기	150×150×200mm
가격	4,900달러
홈페이지	http://oldworldlabs.com/

국가	대한민국
제조사	캐리마(carima)
모델명	Master +Plus S
프린팅 기술	DLP
출력물 최대 크기	200×112, 160×90, 120×67mm
가격	-
홈페이지	http://www.carima.co.kr/

국가	독일
제조사	German RepRap Gmbh
모델명	NEO 3D Printer
프린팅 기술	FFF
출력물 최대 크기	330×330×330mm
가격	699유로
홈페이지	http://formlabs.com/

국가	덴마크
제조사	blueprinter
모델명	**SHS 3D Printer**
프린팅 기술	Selective Heat Sintering(SHS™)
출력물 최대 크기	200×160×140mm
가격	13,186달러
홈페이지	http://www.blueprinter.dk/

국가	영국
제조사	Mcor Technologies
모델명	**Bcor IRIS**
프린팅 기술	SDL
출력물 최대 크기	256×169×150mm
가격	47,900달러
홈페이지	http://www.mcortechnologies.com/

국가	독일
제조사	German RepRap Gmbh
모델명	**X400 3D Printer**
프린팅 기술	FFF
출력물 최대 크기	400×400×350mm
가격	2,973유로
홈페이지	https://www.germanreprap.com/en/

국가	미국
제조사	ZeePro
모델명	**ZeePro Zim**
프린팅 기술	FFF
출력물 최대 크기	150×150×150mm
가격	599~899달러
홈페이지	http://zeepro.com/

국가	미국
제조사	SolidoModel USA
모델명	**Solido SD300 Pro 3D Printer**
프린팅 기술	Plastic Sheet Lamination
출력물 최대 크기	160×210×135mm
가격	9,995달러
홈페이지	http://www.solidmodelusa.com/

국가	일본
제조사	Matsuura Machinery
모델명	**LUMEX Avance-25**
프린팅 기술	광조형 + 절삭가공
출력물 최대 크기	250×250×180mm
가격	-
홈페이지	http://www.matsuura.co.jp/

국가	미국
제조사	NEW MATTER
모델명	**MOD-t**
프린팅 기술	FFF
출력물 최대 크기	150×100×125mm
가격	249달러
홈페이지	http://www.newmatter.com/

국가	폴란드
제조사	3NOVATICA
모델명	**Drukarki 3D Printer**
프린팅 기술	FFF
출력물 최대 크기	200×200×210mm
가격	1,315달러
홈페이지	http://www.3novatica.com/

국가	이스라엘
제조사	Objet
모델명	Objet500 Connex3
프린팅 기술	Triple Jetting
출력물 최대 크기	490×390×290mm
가격	330,000달러
홈페이지	http://www.objet.com/

국가	대한민국
제조사	헵시바(주)
모델명	WEG3D K1
프린팅 기술	FDM
출력물 최대 크기	170×135×150mm
가격	6,600,000원
홈페이지	http://www.weg.co.kr/

국가	독일
제조사	PEARL
모델명	FreeSculpt 3D-Drucker EX1-Plus
프린팅 기술	FFF
출력물 최대 크기	225×145×150mm
가격	1,255달러
홈페이지	http://www.pearl.de/

참고 자료

3D 프린터, OpenCreators http://cafe.naver.com/makerfac

블로터 http://www.bloter.net/

셰이프웨이스 http://www.shapeways.com/

싱기버스 http://www.thingiverse.com/newest

창의력 아이디어 부스터 COZMOSPING http://cafe.naver.com/cozmosping

아가미 모델링 http://www.agamimodeling.co.kr

오토데스크 www.autodesk.com, http://fusion360.autodesk.com/resources

Fusion 360 카페 http://cafe.naver.com/3dprintmodel

한국 3D 프린터 유저그룹, 윌리엄 왕선생님의 카페 http://cafe.naver.com/3dprinters

Formlabs http://formlabs.com/en/

Inside 3D Printing http://inside3dprinting.com/

Tiertime http://www.tiertime.com/en/

3D 프린터, 창업을 출력하라
ⓒ이승준 진동환, 2015

초판 1쇄 발행 2015년 1월 30일
초판 3쇄 발행 2017년 7월 10일

지은이 이승준 진동환
펴낸이 김해연
책임편집 조혜정
디자인 앨리스인드림
마케팅 신진섭

펴낸곳 프로젝트A
출판등록 2013년 3월 14일 제311-2013-000020호
주소 122-906 서울시 은평구 백련산로 14길 15 B02호
대표전화 02-359-2999
팩스 02-6442-0667
전자우편 haiyoun1220@daum.net

ISBN 979-11-953164-3-4   13320

책값은 뒤표지에 있습니다.
잘못된 책은 구입하신 서점에서 교환해 드립니다.

이 도서의 국립중앙도서관 출판시도서목록(CIP)은 서지정보유통지원시스템
홈페이지(http://seoji.nl.go.kr)와 국가자료공동목록시스템(http://www.nl.go.kr/kolisnet)에서
이용하실 수 있습니다.(CIP제어번호: CIP2015001838)